Meurtre à Petite Plaisance

DU MÊME AUTEUR,

DANS LA COLLECTION « CHEMINS NOCTURNES »

AUX ÉDITIONS VIVIANE HAMY

Meurtre chez tante Léonie

Meurtre à Petite Plaisance

AUX ÉDITIONS J'AI LU

Meurtre chez tante Léonie, n° 5484

Estelle Monbrun

Meurtre à Petite Plaisance

J'AI LU

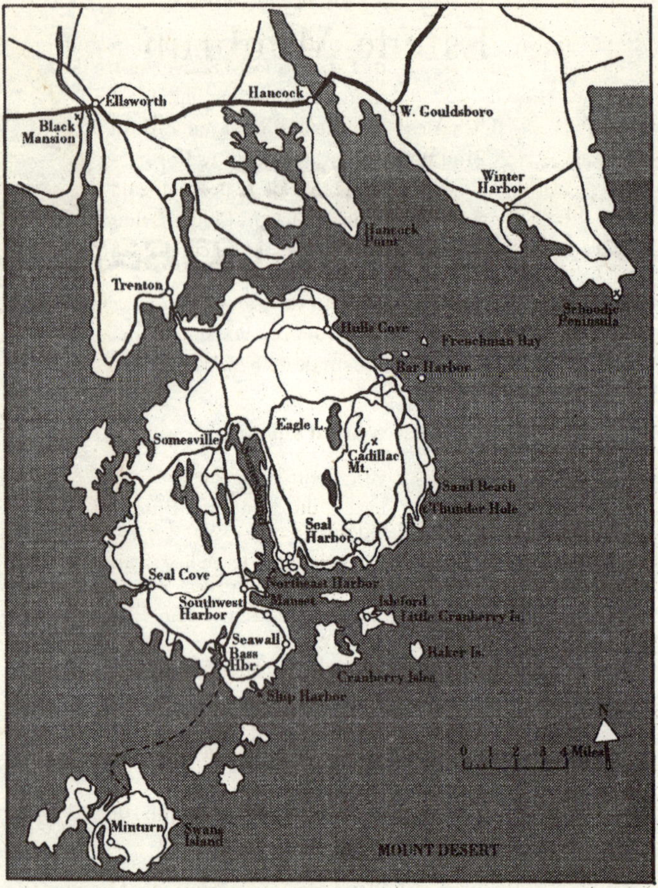
Ellsworth
Black Mansion
Hancock
W. Gouldsboro
Winter Harbor
Hancock Point
Trenton
Schoodic Peninsula
Hulls Cove
Frenchman Bay
Bar Harbor
Eagle L.
Somesville
Cadillac Mt.
Sand Beach
Thunder Hole
Seal Harbor
Seal Cove
Northeast Harbor
Southwest Harbor
Manset
Islesford
Little Cranberry Is.
Seawall
Bass Hbr.
Baker Is.
Cranberry Isles
Ship Harbor
0 1 2 3 4 Miles
N
Minturn
Swans Island
MOUNT DESERT

Gens de l'île des Monts-Déserts

Ashley Brown	descendante des Abenakis, présidente de l'association « Sauvez notre île »
Dorothée Brown	tante adoptive d'Ashley Brown
Famille Haworth Charles	propriétaire de la Villa Alexis
Capitaine Ralph Bradford	oncle d'Andrew Bradford
John Griffith	lieutenant de la police locale
Elizabeth Sedgewick	propriétaire du Chalet Belge
George Simpson	pasteur de l'église congrégationanalis-te
Jeffrey Walker	pêcheur de homards
Lucien Walker	fils de Jeffrey Walker, postier
Fred Wilkinson	cousin de Jeffrey Walker

Gens venus d'ailleurs

Gérard Blérac	viticulteur bergeracois
Andrew Bradford	neveu du capitaine Bradford, agent fédéral
Jean-Pierre Foucheroux	commissaire de police français, ami d'Andrew Bradford
Eléonore Hunt	romancière recluse dans l'île, séparée de son mari
Adrien Lampereur	journaliste français
Ted Merinovsky	promoteur new-yorkais
Jane O'Flynn	professeur de cultures comparées, locataire de la Villa Alexis
Gisèle Dambert	collègue de Jane O'Flynn
Roberto Spaldini	critique gastronomique du *Boston Times*
Jun Tanaki	étudiant japonais, guide de Petite Plaisance, la maison de Marguerite Yourcenar

À Paris

Leila Djemani	inspecteur, assistante du commissaire Foucheroux
Marc Lemercier	fils adoptif d'Adrien Lampereur

La grande érudition n'exerce pas l'esprit.
Héraclite

Parodier l'écriture érudite est le plus périlleux
des exercices de style.
Anonyme du IIe siècle

The little bit (two inches wide) of ivory on which I work
with so fine a brush as produces
little effect after much labor.
Jane Austen
Lettre à J. Edward Austen, 16 déc. 1816

Aux Bizoutes

PROLOGUE

Mon cher Marc,

Je remonte de Boston où le spécialiste que j'ai consulté ce matin n'a laissé aucune équivoque sur l'état réel de ma santé. La tumeur est inopérable. Je n'en ai plus que pour quelques semaines, au mieux. Ou bien faut-il dire au pire ? En tout cas, le moment est venu de passer les pouvoirs et c'est à toi que j'ai décidé de léguer ce qui reste de mon empire, si l'on peut ainsi appeler la direction intellectuelle à laquelle un journaliste honnête a consacré sa vie. Tu sais mieux que personne le prix qu'il m'a fallu payer et dans quelles conditions j'ai été envoyé faire ce ridicule reportage sur la « guerre des homards » qui fait rage au large des côtes du Maine. Mais les mœurs de ces cruels crustacés sont tendres, crois-moi, en comparaison de celles de certains des habitants de cette île. Champlain, en mission de reconnaissance pour le huguenot Pierre du Gast, la baptisa des Monts-Déserts en 1604. C'est là que neuf ans plus tard commença la lutte entre la France et l'Angleterre pour la domination du Nouveau Monde et les premières victimes en furent les malheureux Indiens Abenakis, jetés à la mer avec quelques pères jésuites, sur les ordres de Samuel Argall, venu tout exprès de Jamestown pour éradiquer toute trace d'influence française. Je viens de me rendre compte que les complots qui se trament aujourd'hui même en divers points des rivages escarpés de cette île qui n'en est plus une – et que les gens d'ici appellent d'ailleurs tout simplement Bar Harbor – n'ont rien à envier, par leur férocité et par l'ampleur de l'enjeu qui les suscite, aux premiers combats qui ensanglantèrent les pentes du mont Cadillac.

Tu connais mon horreur des superlatifs et des hyperboles. Je peux sincèrement t'avouer, cependant, que j'ai découvert dans ce lieu de plaisance aux paysages idylliques, si joliment peints par Thomas Cole, Frederic Church et Winslow Homer, les dessous les plus pervers de l'âme humaine. C'est à toi qu'incombera de redresser les torts en exposant la vérité à partir des documents que tu trouveras ci-joints et que je te demande de faire vérifier par des experts… J'avais pensé comme titre de l'article que j'aurais rédigé si j'en avais eu le temps : L'Affaire Yourcenar. *Mais tu en préféreras peut-être un autre…*

1

La descente sur Boston n'avait pas été facile. Comme chacun sait, l'aéroport Logan est l'un des plus dangereux des États-Unis, combinant l'encombrement perpétuel de JFK à New York et les pistes trop courtes de San Diego. Les passagers avaient été secoués plus que de coutume à trois heures des côtes américaines et les degrés divers de pâleur attestaient un manque fondamental de confiance dans le pilote d'Air France – une certaine Christiane Leroi avait-on cru bon d'annoncer au moment du décollage à Roissy. Ce qui avait immédiatement provoqué la méfiance d'un petit homme rondouillard assis à côté d'un gentleman qui ressemblait à s'y méprendre au vice-président des États-Unis. Gérard Blérac avait à plusieurs reprises manifesté sa mauvaise humeur en appelant la malheureuse hôtesse à l'aide du bouton lumineux qu'il lui suffisait de presser pour la voir apparaître, souriante, puis consternée. Il s'était plaint successivement de ne pas pouvoir fumer, du manque de ventilation, de la rugosité de sa couverture, du plat qu'il avait fait spécialement commander et du vin dont le millésime ne lui convenait pas. Comme il n'y avait aucune masse nuageuse susceptible d'expliquer les turbulences qui faisaient tanguer l'appareil, il en avait déduit à haute voix que la responsable de son inconfort était Christiane Leroi. « Une femme pilote ! On aura tout vu », répéta-t-il en se penchant légèrement vers son voisin qui n'avait pas levé les yeux de son livre au titre curieux, *L'Œuvre au noir.* Qu'est-ce que ça pouvait bien vouloir dire ? Gérard Blérac ne le savait pas. Lui, il venait pour conclure un marché important avec des restaurateurs du Maine pour la petite entreprise vinicole qu'il dirigeait avec son frère dans la région de Bergerac. Il soupçonna un ouvrage concernant les travailleurs non déclarés mais un fragment de phrase entrevu lui sembla placer l'action au XVIe siècle et il se désintéressa de la lecture de son voisin. Il jeta un regard circulaire, qui se voulait dédaigneux.

De l'autre côté du couloir, un jeune homme à lunettes annotait furieusement un exemplaire de *Freud et le sonore,* à la couverture bizarre, écrit, semblait-il, par une Édith Lecourt. Un coup d'œil sur la rangée des passagers assis devant lui avait révélé, dès le décollage, une jolie blonde penchée avec extase sur *Histoire d'Eurydice pendant la remontée.* En se tordant le cou, il avait déchiffré le nom de l'auteur : Michèle Sarde. Pas de doute, il était entouré d'intellos. Gérard Blérac soupira et, après avoir distraitement feuilleté un *Paris-Match* presque uniquement consacré aux déboires de la famille royale d'Angleterre, se plongea dans l'étude du nouveau vocabulaire des affaires. L'anglais qu'il avait péniblement appris au lycée ne l'avait guère préparé aux subtilités de la « correction politique ». Plus question de dire « Noir » maintenant, il fallait y substituer « Africain américain ». Plus de « Peaux-Rouges » mais des « natifs américains » ! Quant aux femmes, on l'avait prévenu, le moindre compliment, toute allusion grivoise pouvaient entraîner des poursuites en justice. Il allait falloir se surveiller sérieusement. En France, au moins, les choses n'en étaient pas là et il en plaisantait souvent avec son épouse, qui avait pourtant tendance à manquer d'humour à cet égard. Mais une femme pilote, ça l'inquiétait. C'était un début, un mauvais début. Elles étaient en train d'envahir l'armée. Elles devenaient chirurgiens. Et elles écrivaient ! Heureusement qu'il restait le bastion de l'Église catholique !

Arrivé à la fin de « La Vie errante », le commissaire Foucheroux referma son livre et regarda par le hublot virevolter une mince ligne de démarcation bleu foncé entre la terre et la mer. L'avion à l'approche avait déjà effectué deux cercles concentriques à cause de vents défavorables et cherchait un couloir où la résistance de l'air ne serait pas trop forte pour descendre se poser avec une relative sécurité sur l'une des courtes pistes cernées par l'océan. Les vibrations constantes lui rappelèrent brusquement la journée d'automne où, aux commandes de son Jodel, revenant de voir Clotilde, il avait confondu la Dordogne et la Vézère. Les vents violents qui soufflaient en rafales incontrôlables avaient empêché son appareil de lui obéir et le peu d'essence qui restait dans le carburateur n'aurait pas suffi, à quelques minutes près, à assurer un atterrissage normal. Il sentait les mêmes ondes malfaisantes sous la carlingue du Boeing qui tanguait dangereusement et savait quels risques impliquaient cet étrange balancement des ailes et ce sifflement de tuyau surchauffé. Son voisin s'agitait sur son siège, un bébé poussait des cris de plus en plus perçants, une dame aux aguets s'éventait avec le magazine de la semaine. Ils allaient être en retard. Andy devait faire les cent pas devant la porte d'arrivée, regarder avec impatience sa montre toutes les trente secondes et se demander s'ils arriveraient à quitter la ville avant les grands embouteillages du vendredi, en direction de Northeast Harbor, dans l'île des Monts-Déserts.

Quelques heures auparavant, le capitaine Ralph Bradford n'avait pas eu besoin de regarder les aiguilles lumineuses du réveil posé sur sa table de nuit, au moment où il avait ouvert les yeux. Il ne faisait plus nuit mais il ne faisait pas encore jour. C'était le moment qui correspondait, le matin, au crépuscule du soir, un entre chien et loup d'avant la victoire de la lumière, le moment où, en mer, il donnait les premiers ordres de la journée à venir... En mer... Les mots avaient toujours pour lui le goût verdâtre et délicieux des algues. En mer... Depuis sa retraite forcée, il regrettait le doux balancement des vagues, le parfum vivifiant du vent, l'éphémère sillon écumeux que laissait le passage d'un bateau, le cri dissonant des mouettes. Il regrettait la mer comme un amant privé du corps de sa maîtresse, réduit à le contempler, mélancoliquement, de loin. Il habitait, sur Huntington Road, une grande maison grise, dont les fenêtres aux volets bleus donnaient directement sur la baie du Français. Par temps clair, il pouvait voir surgir des eaux la silhouette caractéristique de l'île de l'Ours, et, au-delà, celles de Cranberry et de Sutton Islands. Il était aussi près de sa bien-aimée que possible, à la pointe sud du petit village de Northeast Harbor, situé aux confins de deux baies et entouré d'eau de trois côtés, paradis des « rusticateurs » depuis que le grand incendie de 1947 les avait délogés de Bar Harbor. On désignait ainsi, dans l'île, les riches familles newyorkaises ou bostoniennes, qui y avaient établi leurs résidences d'été, à la suite de John D. Rockefeller. Maints cottages, qui dataient du milieu du XIXe siècle, et tenaient plus du château que de la chaumière par leur taille et leur richesse architecturale, avaient été engloutis par les flammes et n'avaient pas été reconstruits par les arrière-petits-enfants des premiers vacanciers, mettant ainsi fin à une longue tradition. En fait, les premiers estivants avaient été les Indiens de la tribu des Penobcost, qui prenaient leurs quartiers d'été sur l'île et retournaient sur le continent à l'automne, dans la chaleur relative de leurs campements. Un petit groupe de leurs descendants, menés par Ashley Brown, plus connue sous le sobriquet malveillant de « la folle de l'île aux Canards », étaient en train de faire un procès à l'État du Maine pour que leur soient restitués des droits de pêche et de résidence.

Un trille inattendu se superposa brièvement au roulement régulier des vagues qui venaient se briser sans hâte sur les rochers au-dessus desquels se dressait la maison de Ralph Bradford. Maison de vacances pleine des souvenirs d'un temps disparu, qui était devenue depuis dix ans son refuge, envahi seulement les mois d'été par la famille de son frère, réduite maintenant à sa jeune nièce et à son neveu, Andy, qui devait arriver le soir même, avec son ami français. Le vieil homme soupira. Trois heures de mauvais sommeil n'avaient pas réparé les fatigues de la veille. Mais rester à s'agiter sur un lit aux draps torturés par les sauts de carpe d'un insomniaque chronique ne servirait à rien. Il repoussa d'un geste las le *quilt* qui recouvrait son corps amaigri et posa par terre un précautionneux pied gauche car le plancher trop bien ciré par sa femme de ménage était affreusement glissant. Il en avait fait maintes fois l'humiliante expérience.

Un petit grattement, venu de l'extérieur, amena un bref sourire sur ses lèvres. Valentine l'avait entendu. Elle l'attendait, assise derrière la porte, frétillante d'impatience, pour une promenade quotidienne et matinale qui passait avant toute velléité de petit déjeuner. Il aurait de la chance si elle lui laissait ce matin le temps d'avaler un verre de jus d'orange! Après de rapides ablutions dans la salle de bains adjacente, il enfila son costume d'été et trouva derrière sa porte le spectacle auquel il s'attendait : frétillante d'impatience, laisse à la gueule, l'œil brillant d'anticipation, la petite chienne dévala à toute allure les escaliers tandis que son maître, cramponné à la rampe, lui répétait les mots rituels :

— Mais oui, on y va, on y va, minute, papillon.

Ils sortirent du jardin clos d'une barrière blanche, longèrent l'église Sainte-Marie-des-Flots, et, arrivés à une fourche, prirent à gauche, à cause des tiraillements frénétiques de la chienne, dans cette direction particulière.

— Ah ! Je vois que mademoiselle veut faire le grand tour, ce matin, dit le vieil homme en caressant affectueusement la tête de l'épagneule. Eh bien, puisqu'il fait beau...

Il respira l'air frais, chargé des senteurs marines d'une aube gris bleuté, remarqua une fenêtre éclairée à l'arrière du presbytère, et régla le rythme de ses pas sur celui de la chienne.

Elle marchait avec l'air assuré d'une habituée des lieux, s'arrêtant un instant devant le tronc d'un orme qu'elle avait marqué plusieurs fois de sa trace personnelle, reniflant à des endroits précis du chemin familier, guettant du coin de l'œil l'apparition probable d'un chat ou d'un écureuil qu'elle pourrait effrayer.

Soudain, en face d'une charmante maison blanche à l'auvent partiellement orné d'une vigoureuse glycine, à la pelouse méticuleusement entretenue, la chienne s'arrêta net devant les mots « Petite Plaisance », dont les volutes en fer forgé se détachaient en noir sur le vert du gazon. Surpris, le capitaine Bradford relâcha la pression de ses doigts sur la laisse. Une seconde plus tard sa main n'étreignait que du vide, la laisse volant au vent comme une inutile écharpe attachée au cou d'un animal transformé en bolide.

— Valentine... Fifille... viens ici...

Mais Valentine avait d'autres projets. Nez en l'air, queue au vent, elle s'arrêta un instant en bordure du jardin, regarda d'un œil torve son maître, hors d'haleine, gesticuler de manière grotesque avec sa canne et, laissant échapper un jappement suraigu, fonça droit en direction d'une allée qui s'enfonçait dans un sous-bois.

— Valentine !... reviens, ordonna désespérément le vieil homme.

Avec une mauvaise grâce peu caractéristique, la chienne ignora l'appel. Elle se planta en face de la silhouette immobile, qui semblait assoupie sur un banc semi-circulaire niché au pied d'un jeune chêne, entre un fouillis de bougainvilliers et un massif de rhododendrons, leva le museau vers le ciel et retrouva, enfoui sous des générations de dressage, l'ancestral hurlement à la mort. Il ne réveilla pas le cadavre qu'elle venait de découvrir et à qui son maître commençait à offrir, de loin, d'une voix hachée par la précipitation, de fragmentaires et bien inutiles excuses.

2

Agacé, ses yeux bleu vif devenus violets sous l'effet de la tension, Andrew Bradford Jr. se promenait comme un ours en cage devant la porte d'arrivée des vols internationaux, qui dégorgeait, à intervalles réguliers, des flopées de passagers aux mines défaites, hilares ou effarouchées, selon la fragilité des estomacs, l'exaltation du retour sur le sol américain ou la peur panique de l'inconnu. Les nombreux écrans lumineux placés à des endroits stratégiques de l'aéroport avaient par deux fois annoncé « Un retard de vingt minutes du vol 817 en provenance de Paris Charles-de-Gaulle », au milieu d'une anxiété grandissante, car la capitale française venait de connaître une nouvelle série d'alertes à la bombe, qui avait mis les autorités sur les dents des deux côtés de l'Atlantique.

Agent spécial au service du département du Commerce, section des fraudes, Andy était littéralement payé pour savoir qu'à part au cinéma, on ne pouvait pas prévenir les attaques terroristes d'un groupe de fanatiques décidés à mourir pour leur cause. Récolter des informations, prendre toutes les précautions de rigueur, limiter les dégâts matériels et parfois même réussir à détourner la puissance mortelle d'un engin destructeur avant qu'il fasse davantage de victimes, oui, mais empêcher les extrémistes de tout poil de jouer aux justiciers, impossible. Il serait ironique, tout de même, que son meilleur ami, qui venait en vacances après avoir toute sa vie lutté pour faire respecter des lois en lesquelles il n'avait qu'une confiance fort limitée, mais qu'il affirmait être les seules démocratiques, pérît victime d'un petit attentat manigancé en amateur, par un groupuscule d'excités !

De ce côté de l'Atlantique, la crise du jour concernait les termes de la pêche au homard dans les eaux territoriales américaines et, opposant cinq gouvernements et mille intérêts particuliers, avait réveillé de vieilles querelles idéologiques, qui resurgissaient périodiquement à l'occasion du moindre conflit local. C'est au cours d'un incident banal de cet ordre, une escarmouche entre les gardes-côtes du Pacifique ouest et l'équipage d'un bateau de plaisance utilisé pour faire de la contrebande de saumons que l'agent Bradford avait bien failli, le mois dernier, perdre la vie. À cause d'une erreur inexcusable, une erreur de débutant, qu'il n'avait plus commise depuis la fin de sa période d'entraînement obligatoire, en Géorgie. Un entraînement impitoyable, fait pour briser les moins résistants, et auquel sont soumis tous les agents spéciaux américains et quelques officiers étrangers triés sur le volet.

Un frisson involontaire secoua le long corps mince d'Andy au souvenir de ce qui l'avait amené à demander ensuite une période de congé. C'est sa femme qui l'y avait sagement poussé. Deux semaines plus tôt, tout en donnant à déjeuner au bébé, avec des gestes experts et affectueux, ses yeux clairs levés vers lui, ses boucles brunes ébouriffées comme si elle s'apprêtait au combat, Margret avait finalement déclaré :

— Tu es fatigué. Tu devrais prendre un congé.

Il avait été sur le point de se mettre en colère. De lui faire remarquer vertement qu'elle était gynécologue, et non psychiatre. Mais c'était vrai. Il était fatigué. Il avait de fréquentes sautes d'humeur, des insomnies, un manque chronique d'appétit…

— Tu veux partir en vacances ? avait-il répondu de manière peu amène.

— Non, je ne veux pas partir en vacances, avait-elle repris sans lever la voix. Mais je crois que tu devrais aller passer quelque temps chez ton oncle, à Northeast Harbor. Elle fronça ses délicats sourcils et essuya la bouche goulue de Tim, avant de rajouter comme si elle venait juste d'y penser : Peut-être avec Jean-Pierre, s'il est libre… Tu lui as parlé récemment ?

— Je l'ai eu au téléphone avant-hier. Ce fut à son tour d'hésiter. En fait, il a pris le mois d'août, contrairement à ses habitudes. Il m'a même demandé si nous ne voulions pas lui rendre visite en famille. Mais je sais que tu es coincée à Boston avec ton colloque sur l'infertilité jusqu'à la fin du mois. J'ai dit non…

— C'est gentil, Andy. Et c'est encore plus gentil de ne pas m'en avoir parlé pour ne pas me donner de regrets, dit-elle avec un sourire dans la voix. Mais dans ces conditions, Jean-Pierre serait sans doute heureux de venir.

— Je ne sais pas si on va me laisser prendre des vacances comme ça à la dernière minute, avait-il bougonné sans conviction, comme dernière parade.

— Avec tous les jours de congé que tu as accumulés depuis deux ans ? Tu plaisantes, avait assuré Margret avec une légèreté péremptoire. Appelle Jean-Pierre…

Au moment où il sortit de la spacieuse cuisine de leur maison de Dana Street pour s'exécuter, il entendit sa femme dire : « En vérité, je te le dis, Tim, ton papa est un grand bébé. » Ce qui provoqua une cascade de areu areu ravis de la part du petit traître ! Quelques minutes plus tard, la voix chaleureuse de Jean-Pierre Foucheroux accepta sans l'ombre d'une hésitation la proposition de vacances dans le Maine. Avec un soupir de soulagement qui avait toutes les apparences de la sincérité, il ajouta même : « Mon vieux, tu me sauves d'un séjour forcé à la villa des Sablettes en tête à tête avec ma sœur Marylis et sa ribambelle de petits camarades. Tu imagines ma gratitude anticipée... » Et ils s'étaient donné rendez-vous à l'aéroport pour le premier vendredi du mois d'août.

En une fraction de seconde, les écrans de télévision affichèrent tous ensemble : *Arrivée du vol 817 en provenance de Paris Charles-de-Gaulle : cinquante minutes de retard*. Andrew Bradford Jr. laissa échapper à mi-voix un juron bien senti, dont la vulgarité contrastait fort avec la distinction de celui qui l'avait prononcé. Il était clair que ses pantalons de velours bien coupés venaient de chez un des grands designers, dont la marque discrète mais immédiatement identifiable ornait la chemisette qui recouvrait de larges épaules et un torse musclé; ses cheveux blonds et épais avaient été récemment disciplinés par un styliste qui avait pris plaisir à mettre en valeur, par une coupe en dégradé, le menton carré, le nez droit et la bouche volontaire de son client. À quarante ans, Andy avait conservé l'aisance et le visage lisse du jeune WASP qu'il était vingt ans auparavant, quand il avait fait la connaissance de celui qu'il attendait avec une si grande impatience.

Ils s'étaient rencontrés dans un cours de criminologie internationale à Harvard, où les hasards des groupes de travaux pratiques, joints à la perspicacité du professeur, les avaient mis en équipe pour mener une enquête théorique sur un cas de meurtre par strangulation. Mais, à vrai dire, Andy, qui affectait à l'époque le style décontracté, blue-jeans et sweater délavé – pour ennuyer sa famille et se démarquer de ses camarades de classe en uniforme de tweed bleu marine acheté chez Brooks Brothers –, avait déjà remarqué le jeune homme à l'air réservé, qui parlait avec un léger accent étranger uniquement quand on s'adressait d'abord à lui et portait des vêtements de coupe européenne qui le différenciaient tout de suite des autres étudiants. Il s'était dit qu'ils devaient être exactement de la même taille quand il l'avait croisé, un autre jour, à la bibliothèque et qu'ils s'étaient retrouvés devant le même rayonnage, à la recherche du même livre, qui lui avait été cédé avec beaucoup de grâce.

— Quand vous aurez fini, dites-le-moi en cours, avait simplement suggéré le jeune homme au regard gris-bleu. Je m'appelle Jean-Pierre Foucheroux.

— Français ? interrogea Andy. Mon arrière-grand-mère maternelle était française, ajouta-t-il pour expliquer l'intérêt manifeste dont sa voix était empreinte.

— Français, oui. Mais j'ai une grand-mère galloise.

— Pas possible ! J'ai des cousins à Anglesea. On va prendre un pot au *Bon Pain* ? proposa Andy.

L'autre accepta avec la simplicité qui préside ordinairement à l'agencement des grandes rencontres de l'existence. La semaine suivante, un second « carambolage du hasard » les réunissait dans le même groupe de recherches. Pendant toute l'année universitaire ils avaient été inséparables. Et ils avaient partagé depuis, malgré la distance, tous les moments importants de leur existence.

« Pour des raisons de sécurité, les passagers en provenance de Paris Charles-de-Gaulle débarqueront à la porte 59 », annonça la voix éthérée d'une hôtesse, s'efforçant d'imiter la platitude d'intonations d'une machine reproduisant des sons humains. Entre un petit monsieur vitupérant dans un français teinté d'accent méridional et une jolie femme blonde, Andy repéra soudain la longue silhouette boitillante de Jean-Pierre Foucheroux, qui avançait dans sa direction, avec le demi-sourire qui est chez le Français bien élevé la marque de la plus profonde satisfaction. Andy ne résista pas au malin plaisir de l'accueillir à l'américaine, avec de grandes claques dans le dos ponctuées de « bon de te voir, vieux copain », qui était l'une de leurs plaisanteries biculturelles favorites.

Mais une exubérance un peu forcée, alliée à une sorte de malaise dans son regard fuyant firent que Jean-Pierre Foucheroux interrogea aussitôt :

— Quelque chose ne va pas ?

— On ne peut rien te cacher. À dix minutes près, je ne pouvais plus t'attendre. Figure-toi que mon oncle vient de trouver le cadavre d'un journaliste français dans le jardin de Marguerite Yourcenar ! Tu parles de vacances…

3

Les hurlements de Valentine avaient brusquement tiré de leur sommeil les deux jeunes femmes qui habitaient la maison voisine de Petite Plaisance. Réveillée en sursaut, Jane sauta de son lit et courut à la fenêtre en jurant comme un charretier, ses courtes mèches brunes en bataille, décidée à faire cesser coûte que coûte le vacarme qui avait interrompu un repos bien mérité, car elle était restée devant son ordinateur jusqu'à une heure avancée de la nuit : ses *Femmes de l'île des Monts-Déserts* étaient en retard de trois chapitres !

Après avoir buté contre une chaise malencontreusement placée sur son chemin, et que ses yeux à demi fermés ne lui avaient pas permis de localiser dans la pénombre matinale, elle releva avec force le store vénitien, ouvrit la fenêtre et, du premier étage de la Villa Alexis, aperçut la silhouette dégingandée du vieux capitaine, à la poursuite de sa chienne en arrêt devant un banc, essayant d'en déloger un malheureux SDF qui y avait sans doute trouvé refuge pour la nuit.

— Pas croyable, grommela-t-elle, avant de faire entendre un retentissant « Silence ! » que recouvrirent aux trois quarts les aboiements furieux de Valentine.

Elle entendit le capitaine Bradford bredouiller quelques mots qui ne suffirent nullement à calmer l'animal. Elle le vit se pencher vers l'homme affaissé sur le banc, avoir un violent mouvement de recul et s'éponger le front avec un grand mouchoir qu'il porta ensuite à sa bouche, avant d'agripper le tronc de l'arbre le plus proche.

Valentine fit entendre un long gémissement et alla se coucher aux pieds de son maître, qui chancela.

Les rideaux de la chambre contiguë à celle de Jane furent ouverts avec précaution et, comme dans un théâtre de marionnettes, les longs cheveux de son amie Gisèle cascadèrent dans l'encadrement de la fenêtre. À côté d'elle, au-dessus du rebord, se profila la tête triangulaire d'un chat persan au regard désapprobateur.

— Qu'est-ce qui se passe ? s'enquit Gisèle d'une voix ensommeillée.

— C'est la chienne du capitaine, lui fut-il répondu avec agacement. Je me demande s'il n'est pas en train de nous faire une crise cardiaque ! Capitaine Bradford ! Capitaine Bradford !

Sur la pelouse, Valentine dressa les oreilles. Le vieil homme leva son regard délavé vers les fenêtres ouvertes et fit un petit geste futile qui semblait indiquer la résignation impuissante avant de chanceler à nouveau.

— Descendons, Gisèle. Il y a quelque chose d'anormal, s'inquiéta Jane, ajoutant avec rancœur : À six heures du matin !

Jetant à la hâte un peignoir à fleurs sur sa chemise de nuit, Gisèle retrouva sur le palier Jane qui finissait de remonter la fermeture Éclair d'un blue-jeans trop étroit enfilé sur un tee-shirt qui réclamait en lettres rouges « Sauvez notre île ». Elles descendirent les escaliers à toute allure, ouvrirent la porte d'entrée avec fébrilité et traversèrent le jardin d'une même foulée. Avant qu'elles arrivent à l'endroit où s'était tenu Ralph Bradford, celui-ci s'avança vers elles et leur barra la route en levant sa canne, tandis que Valentine donnait les signes de la plus violente agitation.

— Pas un pas de plus, leur enjoignit-il avec fermeté malgré sa pâleur.

— Nous avons eu peur que vous ne soyez malade, répliqua sans douceur Jane qui réagissait mal aux impératifs depuis sa plus tendre enfance. Mais si vous n'avez pas besoin de nous... Qu'est-ce que c'est que cette odeur ? s'interrompit-elle brusquement en fronçant son nez délicat.

— Justement... Je dois téléphoner immédiatement...

— Venez à la maison, proposa Gisèle en lançant un coup d'œil en direction de Jane pour avoir son assentiment.

Mais le regard de cette dernière était résolument tourné vers un des bosquets du jardin de Petite Plaisance. Sans que le capitaine Bradford puisse l'en empêcher, Jane fonça en direction du banc sur lequel elle avait entrevu le pauvre hère qui avait attiré la bruyante attention de Valentine.

Devant l'horrible spectacle d'un visage révulsé par une mort violente, à la langue pendante et bleuie, aux yeux exorbités, et d'un corps qui s'était vidé de ses liquides malodorants, Jane eut le temps de reconnaître l'envoyé spécial de *L'Univers*, et de crier à Gisèle de ne pas approcher avant d'être violemment malade au-dessus d'un massif de *Rosae rubiginosae* en fleur.

Alarmée, Gisèle hésita entre le désir de se précipiter vers Jane qu'elle voyait inexplicablement courbée en deux et la nécessité de rester près du vieil homme au souffle court. Le capitaine Bradford prit la décision pour elle en lui saisissant le bras et en la suppliant d'une voix haletante :

— N'y allez pas, mademoiselle. Il y a un mort... Votre amie n'aurait pas dû... Il faut avertir la police.

— Un mort ! s'exclama Gisèle, essayant de se dégager pour aller à la rencontre de Jane qui revenait vers eux, défaite et hirsute.

— Je vous avais bien dit... commença Ralph Bradford.

— Jane, l'interrompit Gisèle, entourant de son bras, avec appréhension, les épaules tremblantes de son amie.

Jamais « Jane la forte » ne laissait voir ses défaillances en public, ni ne permettait à quiconque de la « materner ». Mais exceptionnellement, elle s'appuya sur Gisèle et dit d'une toute petite voix :

— C'est Adrien Lampereur.

Elles échangèrent un regard d'intelligence qui n'échappa point au capitaine Bradford.

— Vous le connaissiez ? demanda-t-il avec un brin d'étonnement dans la voix.

— Nous lui avons parlé avant-hier, interjecta vivement Gisèle. Tout le monde sait qu'il venait faire un reportage sur cette histoire de homards...

— Allons téléphoner au commissariat, réitéra Ralph Bradford. Encore qu'à cette heure... Peut-être vaudrait-il mieux y aller.

Mais le pimpant bâtiment qui abritait les forces de la police locale et surplombait le port de plaisance se trouvait à l'autre extrémité du village, entre l'Hôtel des Terrasses et l'Auberge d'Asticou et le petit groupe prit d'un commun accord le chemin du cottage voisin.

Ce fut Ralph Bradford qui s'empara le premier du téléphone portable négligemment posé sur la table en demi-lune de l'entrée.

— Allô... Jack... Grâce au ciel... C'est Bradford à l'appareil. Mauvaise nouvelle, mon vieux. Valentine vient de trouver le cadavre du journaliste qui enquêtait par ici ces derniers temps dans le jardin de Madame... Oui... Je suis chez les dames d'à côté. Villa Alexis. Je ne bouge pas, non... C'est ça... Non, non, nous n'avons touché à rien... Nous vous attendons...

Il raccrocha et annonça avec simplicité :

— Ils arrivent...

— Je vais faire du café, proposa Gisèle, inquiétée par l'apathie de Jane, immobile comme une statue au pied de l'escalier. Installez-vous dans le salon...

— Si vous pouviez donner un peu d'eau à Valentine, demanda le capitaine, et me permettre de téléphoner à mon neveu à Boston. Il doit arriver aujourd'hui.

— Mais je vous en prie, faites. Jane, viens avec moi, ajouta Gisèle avec un tantinet d'impatience à l'adresse de la jeune femme qui semblait transformée en zombie.

« J'ai l'impression que ça va être une longue journée », murmura-t-elle comme pour elle-même, en poussant avec douceur son amie vers la cuisine tout en tirant Valentine par le collier. « Et toi, Katicha, là-haut, du calme », lança-t-elle au chat qui avait passé une tête précautionneuse entre deux barreaux du palier pour surveiller de ce poste privilégié les allées et venues du monde méprisable des humains, les poils hérissés d'indignation à la vue de l'intruse qui foulait sans vergogne le sol de son territoire.

— Pas de café pour moi, Gisèle, dit Jane avec lassitude. Tu sais bien...

— Ce n'est pas le moment de faire une conférence sur les méfaits de la caféine, Jane. Mais je vais te préparer une tisane, si tu préfères...

La protestation de son amie l'avait ragaillardie. Jane n'était pas à l'article de la mort si elle pouvait réagir à la plus légère provocation et enfourcher un de ses chevaux de bataille favoris à la simple mention de mots interdits comme « café », « tabac », « sucre », « sel », « pollution », « pomme de terre » et « Richard ».

Quelques minutes plus tard, alors qu'elles étaient assises devant des bols fumants, dans l'accueillante cuisine carrelée en bleu et blanc, Valentine à leurs pieds, le bruit strident d'une sirène annonça l'approche d'une voiture de police qui s'arrêta pile à la limite des jardins de la Villa Alexis et de Petite Plaisance.

Dans le vestibule, Ralph Bradford raccrocha le téléphone avec un bref « À cet après midi » et se précipita à la rencontre de Jack Griffith qui était chargé, avec quatre autres officiers de police, de faire respecter la loi à North-east Harbor. Sa bonhomie habituelle était remplacée ce matin-là par un air soucieux qui plissait le coin de ses yeux verts et donnait à sa bouche un aspect revêche. Depuis douze ans qu'il était en poste, il n'avait eu à faire face qu'à une seule affaire sérieuse : une touriste bostonienne étranglée dans les jardins d'Asticou. Son assassin n'avait jamais été découvert.

— J'ai appelé Orono avant de venir, dit-il à Ralph Bradford après l'avoir salué. Ils envoient leur équipe. Où est le corps ?

Un bref examen du cadavre lui permit de constater qu'il avait sur les bras un autre cas de mort par strangulation, comme l'attestaient trois vilains cercles violacés striant le cou d'Adrien Lampereur, journaliste français, soixante ans, domicilié à Paris, et envoyé spécial de *L'Univers*, si l'on en croyait sa carte de presse.

Avec un soupir, l'officier de police sortit de sa poche un rouleau de bande jaune. Il en fixa une extrémité au tronc d'un chêne et délimita, à hauteur d'homme, une vaste circonférence au milieu de laquelle gisait pitoyablement la victime. Il referma le cercle au moment précis où un petit homme brun, en pyjama de soie et robe de chambre assortie, la moustache en bataille, sortait en claquant la porte de la maison voisine et rejoignait Ralph Bradford, resté prudemment à l'écart, en hurlant :

— Mais qu'est-ce que c'est que ce raffut ? *Mamma mia* ! je viens ici pour trouver la paix et c'est pire que Grand Central !

— Jack, intervint sans se démonter le capitaine Bradford, je ne sais pas si vous connaissez Roberto Spaldini…

— Nous nous sommes rencontrés une fois, répondit sèchement le représentant de la loi.

Et il n'était pas près d'oublier dans quelles circonstances ! Une contravention largement méritée pour stationnement interdit avait entraîné l'intervention immédiate de ses supérieurs, qui le convainquirent qu'il ne seyait point de traiter le célèbre critique gastronomique bostonien comme le commun des mortels. Qu'il réfléchisse ! Avec un seul éditorial négatif, Roberto Spaldini pouvait vider tous les restaurants de l'île de leurs clients pour la saison ! En maugréant, Jack Griffith se résigna à ne pas être la cause involontaire des faillites locales dont les autorités le menaçaient. Il céda. Mais il en avait gardé un certain ressentiment, qui refit brusquement surface à la vue du coupable, plus arrogant que jamais.

Car Roberto Spaldini n'avait rien perdu de sa superbe en dépit du désavantage que sa tenue aurait pu lui conférer. À grand renfort de mouvements de mains, il exigea qu'on prenne bonne note de sa demande officielle de protection de l'ensemble du quartier, dès qu'il fut mis au courant des faits. Et il cria à la cantonade qu'il allait de ce pas faire signer une pétition en ce sens aux pauvres demoiselles sans défense de la Villa Alexis… Mais après avoir piétiné sans merci l'herbe et les fleurs que rencontrèrent ses élégantes pantoufles, sur la ligne droite de son chemin, il trouva close la porte desdites demoiselles.

Jack Griffith et Ralph Bradford se regardèrent avec une consternation non dissimulée.

⁂

Au même instant, le jeune postier remplaçant de Northeast Harbor considérait avec une consternation tout aussi profonde une large enveloppe blanche, sur laquelle se télescopaient un nom et un prénom étrangers pratiquement indéchiffrables, une adresse parisienne qui lui sembla incomplète et un ensemble hétéroclite de timbres représentant un général, des phares, une actrice fort connue et un musicien de jazz mais où il manquait le nom de l'expéditeur, la mention « Par avion » et quelques centimes d'affranchissement…

« Toujours pareil », se dit-il avec amertume. « Eux, ils ont la flemme de venir au guichet ou de marcher jusqu'à un distributeur automatique… Et après, c'est nous qui sommes embêtés. » « Eux », la plaie récurrente de l'île, les touristes, insatisfaits, impatients, toujours en train de récriminer sur l'heure des levées, le nombre limité des timbres de collection ou le prix fluctuant de l'affranchissement des cartes postales ! Finalement, son père avait peut-être eu raison de l'avertir que tout client était un enquiquineur en puissance et qu'il passerait sa vie à se faire insulter, alors que les crustacés qu'il pêchait depuis son adolescence, comme son père l'avait fait avant lui et comme il avait espéré que son fils unique le ferait après, avaient au moins l'avantage de la boucler.

Incapable de prendre une décision dans un sens ou dans l'autre concernant l'envoi ou le rejet du courrier dont il était responsable, et après l'avoir pesé à nouveau pour confirmer ses premières réserves, Lucien Walker glissa finalement l'objet de ses soucis dans le classeur noir des « En attente ».

4

Après l'inévitable embouteillage du tunnel de Callahan, qui empêche plus qu'il ne facilite les mouvements d'arrivée et de sortie à l'aéroport de Boston, Andrew Bradford avait pris la route N° 1 en direction du nord. À l'embranchement de la 95, qui longe brièvement la côte du New Hampshire, son passager avait hasardé une question personnelle, après avoir patiemment écouté le compte rendu détaillé du surprenant coup de téléphone reçu le matin même, s'être informé de la santé de toute la famille et avoir discuté des mérites comparés – bien qu'incomparables selon Andy qui soutenait « son » équipe de base-ball – des Red Sox et des New York Yankees.

— Tu veux me dire ce qui s'est passé exactement le mois dernier ?

— Pas maintenant, avait répondu Andy, en lançant un regard furibond au conducteur de poids lourd qui dépassait allègrement la limite de vitesse en même temps que leur voiture, elle-même en état d'infraction.

Jean-Pierre Foucheroux n'insista pas et, se retournant pour saisir son sac de voyage posé sur la banquette arrière, en sortit deux cassettes.

— Je t'ai pris un nouvel enregistrement des *Quatre Saisons* par le groupe Giardino Musici et le dernier concerto de Mozart pour clarinette interprété par Richard Stoltzman. Ça t'intéresse ?

— Le *K 622* ? Celui qu'il avait écrit pour Stadler ?

Enfin, commencé d'écrire. On n'est sûr que des deux cents premières mesures, si je me souviens bien...

Jean-Pierre Foucheroux retint un petit sourire en glissant la cassette dans le lecteur. La manœuvre avait réussi. Il suffisait de parler musique à Andrew, qui l'avait traîné à tous les concerts possibles et imaginables et ne lui avait fait grâce d'aucun opéra pendant leur année d'études commune, pour captiver instantanément son attention. Il organisait souvent ses déplacements en fonction d'événements musicaux comme d'autres planifient leur voyage à cause de tel ou tel restaurant, manquait rarement le festival de Tanglewood et avait réussi, contre toute attente, à trouver une place in extremis pour aller écouter *Aïda* au pied des pyramides l'année précédente.

— Tu sais, Anton Stadler, c'était sans doute le clarinettiste le plus doué du XVIIIe siècle mais c'était aussi un parasite doublé d'un escroc. Pauvre Mozart ! Il lui piquait des billets de concert gratuits et les revendait au prix fort...

— On n'a pas toujours la chance d'avoir les amis qu'on mérite, dit doucement Jean-Pierre Foucheroux, en reculant son siège pour allonger ses longues jambes et trouver une position plus confortable. Son genou artificiel envoyait des signaux de fatigue, sous forme de douleurs vives et de plus en plus rapprochées. Je vais me reposer un peu si ça ne t'ennuie pas.

Il s'endormit au début du second mouvement, apaisant, fluide et enveloppant comme un bain lustral. Il rêva de promontoires fleuris, de blanches villas à flanc de colline, de jardins en terrasses descendant vers la mer, et dont émanait un parfum jasminé. Était-il en Grèce ? En Italie ?

À cause d'un changement de rythme du véhicule, il ouvrit brusquement les yeux pour voir au-dessus de sa tête un panneau vert indiquant la sortie 22 et la direction « Brunswick ».

— Je suis content de te voir réveillé, dit Andy. Car il faut prendre une décision. Je continue par Augusta ou je passe par Rockport ?

— Quel est le plus court chemin ?

— En kilométrage, la route de la côte. Mais en temps, Augusta et Bangor, je suppose. Mon oncle m'a dit et répété que quand Marguerite Yourcenar se faisait conduire à Bowdoin College, elle prenait toujours la route de la côte, qui est plus pittoresque.

— Quand on est à Rome, il faut faire comme les Romains, plaisanta Jean-Pierre Foucheroux, paraphrasant saint Ambroise. Si c'est à peu près égal, et puisqu'elle va nous conduire à son jardin, prenons la route Yourcenar... Elle venait souvent à Brunswick ?

— De temps en temps pour emprunter des livres, toujours selon mon oncle. Elle a laissé quelques manuscrits au college, je crois, mais la majeure partie est à la Houghton.

La simple mention du nom de la bibliothèque qu'ils préféraient à Cambridge suffit à les lancer dans une série de réminiscences amusées qu'ils égrenèrent de Bath à Ellsworth.

— On n'est plus très loin, déclara Andy. Et après une pause : Si tu veux vraiment savoir ce qui est arrivé sur ce bateau, il y a un mois...

Il se tut, attendant un encouragement qui ne vint pas. Ils s'engagèrent sur la digue sans distinction particulière qui relie l'île des Monts-Déserts au continent américain.

— Tu te rappelles le camp d'entraînement, en Géorgie, quand je n'arrivais pas à passer les menottes... Tu m'as assez charrié.

Jean-Pierre Foucheroux acquiesça sans sourire, le visage tourné vers la baie d'un bleu étincelant, émaillée de voiles multicolores.

— Je ne sais toujours pas les passer, avoua Andy. Sous le regard bienveillant de son ami revenu sur lui, il poursuivit : J'étais avec les gardes-côtes. On a arrêté un bateau de trafiquants de saumons à côté de Sitka. Ils transportaient aussi d'autres denrées... La routine, vraiment. Sauf que j'ai négligé de m'assurer de la bonne fermeture des menottes passées à l'un des trois membres de l'équipage, comme l'indique le rapport. Il a trouvé le moyen de faire surgir miraculeusement une barre de fer entre ses doigts et de m'assommer à moitié avant de se jeter à la mer. Et d'emporter avec lui les codes secrets que nous devions à tout prix récupérer, qui étaient en fait la raison de l'opération...

— On fait tous des erreurs, Andy, commença de sa voix la plus neutre le commissaire Foucheroux. Souviens-toi de ce que tu m'as dit pour Clotilde...

— Ce n'est pas pareil...

Andy vit soudain se profiler devant lui la masse imposante du mont Cadillac et des souvenirs de vacances dans le parc naturel d'Acadie lui revinrent en foule. Les escalades avec sa sœur, les journées à la plage, les balades d'exploration, les matins de pêche.

— Je ne veux pas finir comme mon oncle, acheva-t-il sur un ton à peine audible, au moment où ils arrivaient à la fourche de Somesville.

***

L'air préoccupé, Dorothée Brown laissa retomber le rideau transparent derrière lequel elle s'était tenue presque toute la matinée et fit quelques points de plus au *quilt* à dessins géométriques qu'elle essayait vainement de terminer depuis plusieurs jours. *Ombre et Soleil*. Le précédent avait pour motif un « éventail de grand-mère » à dominante mauve, qui, bien que plus compliqué dans ses formes, lui avait demandé moins de temps. Il égayait maintenant la chambre à coucher d'une des familles de vacanciers qui étaient ses principaux clients.

Jusqu'à l'année précédente, Dorothée avait été la mercière de l'île. C'est dans son modeste magasin de la rue principale de Northeast Harbor que se rencontraient deux mondes ordinairement étanches : les permanents et les saisonniers. Des femmes d'apparences si diverses qu'on aurait pu les croire appartenir à des espèces distinctes, et qui, ailleurs, n'auraient pas échangé un mot, engageaient des conversations animées sur son art de choisir les matériaux, les couleurs, les motifs des coussins et des *quilts* qu'elle confectionnait patiemment pendant les longs hivers et vendait à la belle saison. Elle avait même tricoté un châle pour Madame Yourcenar, qui préférait des tissus indiens plutôt que des *quilts* pour ses dessus-de-lit, mais qui avait toujours eu à cœur d'encourager le petit commerce local. Madame l'avait invitée un jour à venir admirer une tapisserie tout à fait unique, scintillante, faite d'étoffe brodée et de fragments de miroirs, qu'elle avait rapportée d'un de ses nombreux voyages et suspendue dans son entrée.

Dorothée soupira et se demanda une fois de plus si *Ombre et Soleil* ne devrait pas être sa dernière œuvre. Elle avait deux autres commandes. Une *Étoile du Soir* et une *Colombe de la Paix*. Mais ses mains déformées par l'arthrite n'avaient plus l'agilité d'antan et si les autres prétendaient ne pas voir de différence dans la régularité de ses points, elle savait bien qu'ils n'étaient pas aussi parfaitement menus qu'avant. Depuis qu'elle avait planté sa première aiguille dans deux bouts de tissu pour faire une couverture de poupée, la passion de ce qu'elle appelait en riant la basse couture ne l'avait pas quittée. Les compliments qu'elle avait reçus, enfant, sur ses « doigts de fée » étaient à l'origine du nom qu'elle avait choisi pour sa boutique, maintenant rachetée par une grande entreprise bostonienne et transformée en bimbeloterie.

Ashley ne lui avait pas pardonné ce qu'elle considérait comme une trahison. Ashley ! Dorothée arriva en fin d'aiguillée, enleva ses lunettes et s'enfouit le visage dans les mains. Ashley ! Têtue comme une mule, prête à brandir tous les étendards du bon droit, à défendre toutes les causes perdues, comme si elle avait toujours quinze ans... Ashley, qui avait élevé toute seule son fils dans l'île aux Canards, dont elle ne s'extirpait que pour faire un nécessaire ravitaillement hebdomadaire, ou militer bruyamment en faveur des Abenakis. Dont elle descendait sans nul doute. Il suffisait de regarder ses hautes pommettes, ses longs cheveux lisses, ses yeux noirs et vifs, fendus comme ceux de ses cousins les Esquimaux.

Quand elle était arrivée deux semaines auparavant sur le seuil de la minuscule maison de Dorothée, coincée sur un petit lopin de terre situé derrière Petite Plaisance et la Villa Alexis, et auquel on accédait par un reste de chemin vicinal, elle avait l'air exténué des lendemains de bataille. Elle qui d'habitude alliait le port d'une reine et la souplesse d'un chasseur s'était assise lourdement sur une chaise qui grinça sous sa désinvolture. Et le récit qu'elle fit à Dorothée de ses récentes activités comme présidente de l'association « Sauvez notre île » plongea la vieille dame dans la stupéfaction. À ce sentiment s'ajouta celui d'une angoisse prémonitoire quand elle vit le regard de haine farouche qui accompagnait les mots prononcés comme s'ils lui écorchaient la bouche :

— J'ai vu que la Villa Alexis était louée.

— Seulement pour l'été, s'empressa d'affirmer Dorothée.

— À qui ?

— Oh ! à deux professeurs. Il y en a une qui fait un livre sur les femmes de l'île...

— Comme s'il n'y en avait pas assez, de livres, interrompit Ashley avec brusquerie. Sur les jardins, sur les peintres, sur tout sauf ce qui importe... Tu as parlé à ce journaliste ?

— Il est venu me voir hier...

— Tu ne lui as rien dit, au moins ?

— Rien de spécial. Il voulait que je lui parle de l'incendie...

— Il ne t'a pas interrogée sur... sur... l'accident.

— Non. Juste sur l'incendie et la vie des pêcheurs. Ce que je leur vendais pour réparer leurs filets...

Ashley sembla se détendre légèrement.

— Moins on en dit, mieux ça vaut, comme tu sais, conclut-elle. Quant aux pécores de la Villa Alexis...

Elle laissa la phrase en suspens, se leva, et partit comme elle était venue, après un bref « À la semaine prochaine ».

Mais Dorothée ne l'avait pas revue depuis. Ou du moins tâchait-elle de s'en persuader. Cette ombre qu'elle avait entrevue la nuit dernière dans le jardin de Petite Plaisance ne pouvait pas être Ashley. Il y avait juste une vague ressemblance dans la manière de se déplacer, rien de plus. Cette ombre qui s'était brièvement prosternée devant un des murs de la Villa Alexis, dont une fenêtre était restée éclairée jusqu'à l'aube.

Du coin de l'œil, la vieille femme vit s'avancer la silhouette massive du révérend George Simpson et quitta son poste d'observation pour aller automatiquement mettre de l'eau à bouillir pour le thé et sortir une assiette de scones. Elle s'appliqua à rester calme.

George Simpson était sur le point de prendre sa retraite après avoir fidèlement servi les multiples causes de l'Église congrégationaliste, depuis sa sortie d'un célèbre séminaire de la région, où avaient été formés nombre d'éminents prédicateurs. Il avait la qualité de voix nécessaire, mélodieuse, séduisante, voire tonitruante selon le besoin, mais le côté pastoral de sa vocation l'avait toujours davantage intéressé que les débats théologiques de pointe ou les intrigues byzantines des bureaux gérant les diverses branches des missions au niveau national. Il excellait dans le conseil, avait quelques dadas et n'était pas mécontent de sa dernière campagne, subtilement appelée « Cousins dans le besoin », en faveur des Indiens du Maine. Il prêchait tous les dimanches un œcuménisme qui avait, à certains moments, dérangé les habitants les plus traditionalistes de l'île des Monts-Déserts, mais ramené à l'Église nombre de vacanciers de toutes les confessions. Les quelque quatre-vingts membres permanents de sa congrégation n'avaient point été hostiles à la spectaculaire remontée de fonds qui s'en était suivie et avait permis d'acheter de nouvelles orgues, de réparer un coin de toiture endommagé par les tempêtes hivernales et de remplacer deux vitraux qui déparaient l'édifice depuis sa construction.

Après la disparition de son épouse, George Simpson s'était rapproché de Dorothée, qui avait été l'amie de Stella et avait joué avec dévouement le rôle d'infirmière auprès d'elle, jusqu'à la fin. Par la suite, il avait pris l'habitude bihebdomadaire de venir trouver chez sa voisine thé et sympathie. Ils échangeaient ce qu'ils ne considéraient ni l'un ni l'autre comme des potins mais des considérations sur l'état du commerce, des renseignements sur la santé physique et mentale de leurs connaissances, des points de vue souvent convergents sur des questions de politique locale. Leurs conversations se terminaient généralement par une comparaison défavorable entre « maintenant » et « avant ».

Le révérend Simpson n'avait jamais remarqué la douceur qui empreignait les traits usés de son amie quand elle le voyait reprendre une tranche de gâteau ou l'entendait accepter une autre tasse de thé, avec un compliment de circonstance qui ne brillait pourtant pas par son extrême originalité. Il croyait connaître le fond de son âme et n'avait jamais pensé qu'elle pût entretenir à son égard d'autres sentiments que ceux d'une ouaille zélée, éperdue de reconnaissance envers son guide spirituel. Il ne se trompait pas, cependant, sur les sources premières de ses préoccupations, et, à peine calé dans son fauteuil favori, il demanda des nouvelles d'Ashley.

— Je ne l'ai pas vue depuis plusieurs jours, avait répondu Dorothée en versant le thé d'une main moins assurée que d'habitude.

— Vraiment ? s'étonna-t-il. Elle était pourtant à la réunion d'avant-hier, qui fut assez houleuse. Pas de problème avec Willy, j'espère...

— Non, non, je le saurais, s'empressa de répondre la vieille dame, ramenant frileusement un châle sur ses épaules, en dépit de la douceur de la température, tout en lui tendant une tasse délicatement décorée.

Leurs doigts s'effleurèrent. Il n'y prêta nulle attention. Elle rougit légèrement et poursuivit :

— Elle songe à ouvrir un centre de sports aquatiques pour les enfants en difficulté. Ça pourrait aider Willy...

— Sur l'île aux Canards ? Et qui financera ? s'enquit avec pragmatisme l'homme de Dieu.

— C'est bien là la question, soupira Dorothée, c'est toujours la question. Mais récemment, elle paraissait plus optimiste. Vous la connaissez...

Il la connaissait en effet. Et il savait par expérience que rien au monde ne l'arrêterait si elle croyait agir pour le bien de son fils. Ce fils si différent d'elle. Grand, mince, blond, parfait en apparence, mais victime d'une maladie mentale au nom de fleur vénéneuse, que trahissaient parfois la fixité maniaque de son regard bleu et les traces périodiques d'une violence incontrôlable, sur laquelle, depuis presque vingt ans, tout le monde, y compris lui, voulait bien fermer les yeux.

— Elle va se heurter à bien des oppositions, remarqua-t-il entre deux bouchées d'un excellent muffin, barbouillé d'une non moins excellente couche de confiture de groseilles.

— Ce ne sera pas la première fois, répondit Dorothée avec résignation.

Sans avoir à se consulter du regard, ils pensèrent en même temps au jour où Ashley Brown était revenue dans l'île des Monts-Déserts, après une absence de trois mois, un bébé hoquetant dans les bras. La jeune femme et le nouveau-né avaient miraculeusement réchappé d'un épouvantable accident, au cours duquel Jane Haworth Charles, qui conduisait, avait trouvé une mort atroce, déchiquetée par les rochers sur lesquels sa voiture avait explosé. L'enquête hâtive qui avait suivi n'avait rien résolu.

— Tiens, dit le révérend Simpson pour faire diversion, on dirait le neveu du capitaine Bradford qui vient par ici, avec quelqu'un d'autre, que je ne connais pas.

La tasse à fleurs de Dorothée Brown, jumelle de celle qu'il portait à ses lèvres, échappa soudain aux doigts gourds de sa vieille amie, et tomba sans grâce sur le sol, où elle se fendit en deux.

5

Quand ils étaient arrivés à Northeast Harbor, Andrew Bradford et Jean-Pierre Foucheroux s'étaient rendus directement au poste de police, où les attendaient le capitaine Bradford et le sergent Griffith, fort impatientés par les lenteurs administratives. Les tensions entre les forces de police d'Orono et d'Augusta, dont dépendait Northeast Harbor, étaient à leur comble à cause d'une longue rivalité entre les équipes de basket-ball de deux de leurs écoles, en compétition pour décrocher le titre enviable de meilleure équipe amateur du Maine. Il s'ensuivait de petites tracasseries généralement contournables, mais qui ralentissaient singulièrement la bonne marche d'un système déjà complexe en lui-même.

Après les nécessaires présentations et les remarques de rigueur sur la vue exceptionnelle dont on jouissait de la baie vitrée qui s'ouvrait sur le port de plaisance, Jack Griffith avait fait un bref résumé de la situation :

— Votre oncle, avait-il déclaré en s'adressant à Andrew Bradford, a découvert, ce matin à 6 h 7, dans le jardin de Petite Plaisance, le cadavre d'un journaliste français, Adrien Lampereur, soixante ans, domicilié à Paris, et ici depuis deux semaines dans le but de faire un reportage sur la pêche aux homards. Autant que je puisse en juger, il s'agit d'une mort par strangulation, qui a dû être provoquée il y a quelques heures, mais nous n'avons aucun indice sur l'arme du crime et, en vérité, je ne sais rien d'autre pour le moment.

— Où logeait-il ? demanda Andrew.

— Au Chalet Belge, répondit l'officier local.

— Il avait les moyens… commença Andrew. Et, à l'adresse de son ami : C'est une maison qui fait chambre d'hôte au centre du village et qui vient d'être complètement rénovée.

— Madame Yourcenar connaissait très bien l'ancien propriétaire, un excentrique comme elle, intervint le capitaine Ralph Bradford. Elle lui fourguait tous ses visiteurs, fort nombreux dans les dernières années de sa vie. Beaucoup de journalistes, justement, dont elle se plaignait amèrement dès qu'ils avaient le dos tourné.

— Et elle avait de bonnes raisons de le faire, commenta Jack Griffith, pour qui les journalistes étaient tous de vulgaires corrupteurs de mots. Souvenez-vous de cet horrible individu qui lui a soutiré un entretien et a gagné un argent fou avec ses calomnies par la suite. Elle voulait le poursuivre en justice. Mais pour en revenir à Adrien Lampereur, il a parlé à la moitié du pays et il va être difficile de retracer tous ses déplacements.

— Et bien sûr les voisins n'ont rien entendu, interjecta le commissaire Foucheroux. C'est partout pareil.

— J'ai les dépositions de trois personnes qui, effectivement, ont déclaré n'avoir rien entendu, dit Jack Griffith avec le petit sourire que l'on réserve à un collègue qui sait exactement de quoi on parle. Il en reste deux autres à interroger.

— Et qui sont ces trois non-témoins ? plaisanta Andrew Bradford.

Jack Griffith jeta un coup d'œil sur l'écran de son ordinateur.

— Roberto Spaldini, le voisin de gauche…

— Le critique gastronomique du *Boston Times* ? laissa échapper Andy avec un intérêt non dissimulé.

— En personne, lui fut-il répondu sur un ton inexplicablement acerbe. Il sévit dans la région depuis deux ans.

— Sévir est le mot juste en ce qui le concerne, renchérit le capitaine Bradford. Il a assassiné en un seul article trois restaurants que des jeunes essayaient d'implanter à Ellsworth, l'été passé. Mais tu n'es pas venu l'année dernière, ajouta-t-il en regardant son neveu droit dans les yeux.

— Et les autres ? demanda ce dernier, l'air un peu embarrassé.

— Deux personnes qui ont loué la Villa Alexis pour la saison. Des professeurs. Il consulta à nouveau son écran. Une Jane O'Flynn, qui concocte un ouvrage sur l'île « d'un point de vue strictement féministe », m'a-t-elle assuré. La quarantaine. Divorcée. A passé la nuit avec son ordinateur. S'est couchée vers trois heures, après avoir réinterprété l'histoire des Indiennes abenakis. Selon elle, je cite : « La société matrilinéaire a été victime de la phallogocentrisation qui a éradiqué la source archaïque et détruit la topographie maternelle pour imposer par la force le nom du père. »

Les trois hommes qui l'écoutaient le regardèrent, interloqués.

— Il semblerait, continua Jack Griffith imperturbable, que l'ordre guerrier ait brisé l'ordre symbolique du féminin, dont il ne reste que des vestiges, à la recherche desquels le professeur O'Flynn s'est lancée avec enthousiasme, mais dont elle a énergiquement refusé de me préciser la nature.

Un regard de méfiance fut échangé et Jack Griffith se gratta la gorge avant de conclure :

— Tout occupée qu'elle était à inventer des arguments pour étayer cette admirable théorie, le professeur O'Flynn n'a donc rien vu ni entendu la nuit dernière. Pas plus que son amie, d'ailleurs, une Française qui enseigne dans la même université de la banlieue bostonienne et qui a prétendu avoir dormi toute la nuit en compagnie de son chat jusqu'à ce que des aboiements l'arrachent brutalement aux bras de Morphée. Il leva les yeux au ciel. Comment s'appelle-t-elle déjà ?

Il tapota sur son clavier et lut à haute voix :

— Ah ! Nous y voilà. Elle s'appelle Dambert. Mlle Dambert.

— Gisèle Dambert ? s'écria Jean-Pierre Foucheroux, avec un manque de réserve si inhabituel qu'il déconcerta ceux qui l'entouraient.

— Oui, c'est cela. Gisèle, Marie Dambert. Née à Tours…

— Quelle coïncidence, quelle incroyable coïncidence ! ne put s'empêcher de murmurer le commissaire Foucheroux.

— Vous la connaissez ? demandèrent en chœur le capitaine Bradford et Jack Griffith.

— Oui, je l'ai rencontrée lors d'une autre affaire, à Illiers-Combray[1].

Un peu gêné par ses effusions, il détourna les yeux du sourire narquois qui retroussait les lèvres d'Andy et lui donnait l'air du chat qui a mangé le canari, alors qu'il prononçait à mi-voix :

— Ah ! c'est elle… Tu ne m'avais pas dit son nom.

— Les autorités françaises ont-elles été prévenues ? s'enquit avec une certaine vivacité son ami. Puisque la victime est un de nos ressortissants…

— Ça suit son cours, je suppose, dit Jack Griffith. Il faut passer par le consulat. On a appelé Interpol, mais pas encore demandé de CRI.

— Si vous permettiez que je téléphone à Paris, suggéra le commissaire Foucheroux. Avec les six heures de décalage, j'ai juste le temps…

Et c'est ainsi qu'il eut avec son supérieur hiérarchique, Charles Vauzelle, une conversation transatlantique rapide et privée, au terme de laquelle il fut officieusement chargé, parce que l'agent Bradford avait insisté pour qu'il l'assistât à titre amical, de ce qui allait devenir « l'Affaire Yourcenar ».

---

1. Cf., du même auteur, *Meurtre chez tante Léonie* (éd. Viviane Hamy, coll. Chemins Nocturnes, 1994) ; J'ai lu n° 5484.

6

Apercevant une voiture de police en stationnement devant la maison dont il avait la charge durant les mois d'été, Junichi Tanaki avait prudemment arrêté sa Nissan en bordure de mer et observait à la jumelle les gesticulations de plusieurs personnes qui lui étaient inconnues.

La première visite de Petite Plaisance n'était pas programmée avant deux bonnes heures et il ne comprenait pas ce qui avait bien pu provoquer ce remue-ménage inhabituel en face d'une des propriétés des Rockefeller. Il se sentait aussi un peu coupable, car son contrat stipulait qu'il devait passer toutes ses nuits sur place, alors que dans la journée il était censé faire l'inventaire des objets ayant appartenu à Marguerite Yourcenar et recevoir les quelques personnes qui avaient eu la prudence de prendre rendez-vous longtemps à l'avance. Ce jour-là, il s'agissait d'un petit groupe d'universitaires canadiens fanatiques de l'œuvre de l'académicienne, qui voulaient visiter les lieux où elle avait écrit la plus grande partie de ses romans dans l'espoir de mieux en comprendre le sens caché. Jun Tanaki haussa les épaules. Jusque-là ses absences nocturnes étaient passées inaperçues, en raison des mille précautions dont il entourait ses allées et venues.

Que faire ?

La vieille angoisse d'être découvert envahit l'homme encore jeune qui n'était pourtant plus un jeune homme, bien qu'il fît des efforts permanents pour prolonger par tous les moyens les apparences extérieures d'une éternelle adolescence. Son corps lisse et ferme, la surprenante agilité de ses membres, sa démarche souple, son visage sans rides étaient les résultats visibles d'une stricte discipline. Un régime végétarien, des exercices physiques quotidiens et exigeants, la pratique assidue du Zen allaient de pair, dans son esprit, avec sa « profession » d'étudiant. Mais il savait bien qu'il n'était plus le petit doctorant naïf qui était venu frapper à la porte de Petite Plaisance, bien des années auparavant, *Mishima* en poche, ébloui par la lecture récente des *Mémoires d'Hadrien* et de *L'Œuvre au noir*, déterminé à lier avec l'auteur de leurs jours une relation privilégiée de disciple à mentor.

Son innocence avait séduit la vieille dame qui lui avait ouvert et qui se trouvait là par le plus grand des hasards, entre deux voyages. Contrairement aux racontars, elle aimait aussi les jeunes gens qui s'intéressaient à son œuvre parce qu'ils s'intéressaient à son œuvre. D'un seul coup d'œil, elle reconnut dans l'étranger l'étoffe d'un bon élève. Il ne lui déplut pas qu'il eût le physique du personnage type d'une autre romancière de sa génération. Et ses paroles la charmèrent.

Jun Tanaki laissa échapper un soupir de quasi-désespoir au souvenir de l'adolescent qui avait gravi si légèrement les trois marches de la maison blanche, maintenant devenue sa prison, et songea avec terreur aux confidences et aux lettres échangées par la suite. Comme dédoublé, il s'imagina redescendant pour la dernière fois ces mêmes marches, entre deux policiers, percé à jour, humilié, expulsé…

Que faire ?

Un tapotement discret sur la vitre arrière de son véhicule le fit sursauter. À son grand soulagement, il reconnut le visage sans fard de sa voisine. Ce n'était qu'Eleonore…

Arrière-petite-nièce d'un écrivain célèbre, dont elle avait l'insigne malchance de partager le nom, elle avait publié, sous un pseudonyme, un roman à clé qui avait fait grand bruit dans les cercles dits littéraires. *Narcissa ou les Mémoires d'une divorcée* – en anglais *When Bill and I were married* – lui avait procuré, sans parler d'une tardive indépendance économique, la sorte de reconnaissance à laquelle elle aspirait depuis qu'enfant elle avait griffonné ses premiers poèmes. Sa mince histoire de femme flouée, dans laquelle des milliers de lectrices avaient reconnu leurs propres tribulations émotionnelles, grâce à la magie d'un style élégamment parodique, avait été traduite en quarante langues. Son éditeur, qui l'avait judicieusement fait inviter à une émission télévisée pseudo-littéraire, diffusée à une heure de grande écoute, s'était félicité de la manière dont le nouvel auteur à la mode avait ridiculisé « la grossièreté de celles qui disent : Narcissa, c'est vous ? ». Comme, d'autre part, elle n'était pas désagréable à regarder, avec son visage au teint délicat, qui rappelait les femmes d'Ingres, sages en apparence, mais avec quelque chose de secrètement prometteur caché dans la courbe des cils, son livre fut dès le lendemain en bonne place sur les listes des best-sellers. Les critiques universitaires s'extasièrent sur la naissance d'un nouveau genre littéraire baptisé « autopsychogynographie ». Plusieurs agents se disputèrent en vain le coûteux privilège d'obtenir d'elle des droits d'adaptation audiovisuelle.

Peu de gens comprirent pourquoi, au milieu de tout ce tintamarre médiatique, Eleonore Hunt disparut soudain de la surface du globe. Un nombre encore plus infime savait qu'elle était venue se réfugier dans l'île des Monts-Déserts, recluse dans une maison victorienne sans téléphone. Elle n'entretenait aucun contact suivi avec le reste du monde, à part un échange de salutations polies avec ses voisins les plus proches, et l'écriture de quelques lettres, en réponse à celles qui lui parvenaient de temps à autre. Elle en tenait précisément une bleue à la main et Jun Tanaki remarqua qu'elle tremblait un peu, comme c'était si souvent le cas quand elle lui lisait ses haïkus, quand elle avait peur du jugement d'autrui.

— Du nouveau ? demanda-t-il en baissant la vitre.

— Non, répondit-elle d'une voix un peu essoufflée, pas de ce côté. Mais je vois que vous n'êtes pas au courant...

— Au courant de quoi ?

— Il y a eu un meurtre à Petite Plaisance.

— Un meurtre, répéta-t-il, incrédule. Qui... ?

— Le journaliste français. La police interroge tout le monde. Elle baissa les yeux. J'ai pensé...

Elle s'interrompit et se mordilla la lèvre inférieure. Elle sembla fixer un point brillant à l'horizon, à travers les arbres, avant de poursuivre.

— J'ai pensé qu'on pourrait dire que vous aviez passé la nuit chez moi, si vous voulez...

Sans mot dire, il opina.

— Les Walker pourront confirmer. Ils nous ont vus souvent ensemble, ajouta-t-elle.

Il acquiesça :

— Oui, c'est le mieux. J'y vais...

Et il démarra sans bruit.

Devant la porte close de Petite Plaisance, deux hommes à l'air officiel scrutaient un document. D'un même mouvement, ils relevèrent la tête au bruit léger de pas s'avançant résolument vers eux.

— Jun Tanaki ? demanda le plus blond. C'était plus une constatation qu'autre chose. Il y avait peu de Japonais dans l'île. Je suis l'agent Bradford, du gouvernement fédéral, et voici mon collègue le commissaire Foucheroux, de la Police judiciaire. J'ai quelques questions à vous poser.

— Entrons, dit le guide en sortant de sa poche un trousseau de clés qui cliquetèrent désagréablement.

Ils furent introduits dans un couloir aux murs presque entièrement tapissés de livres de toutes les tailles. À sa droite, Jean-Pierre Foucheroux remarqua un tableau représentant Vertumne et Pomone. Cette histoire de jeune dieu se déguisant en vieille femme pour séduire celle qu'il aime l'avait toujours intrigué et il apprécia la gradation des tons sombres que l'un des frères Coypel avait choisie pour rendre sensible à l'œil l'impénétrable mystère des relations particulières qui nous attachent aux êtres.

En face d'eux, un escalier assez raide menait à l'étage. Jun Tanaki leur fit signe d'aller à gauche, dans une pièce que Marguerite Yourcenar appelait son parloir, expliqua-t-il brièvement. Ils ne furent pas invités à s'asseoir sur les fauteuils, aux bras desquels des châles négligemment posés semblaient attendre le retour imminent de leur propriétaire. Ni à admirer trop longuement les carreaux de Delft qui égayaient de leurs bleus la paroi du mur située derrière un gros poêle noir. Leur guide les fit pénétrer dans le salon contigu, où, derrière chaque porte, se dissimulaient des étagères remplies de volumes ayant trait à l'histoire ou au théâtre. Sur chaque surface disponible, une accumulation d'objets achetés, recueillis, ou acceptés au cours d'une longue vie d'écriture reflétait le labyrinthique enchevêtrement d'itinéraires spirituels. Jun Tanaki les informa d'une voix neutre que les sièges qui se faisaient face, devant la cheminée, avaient appartenu à Madame et à son amie Grace. Il ne les invita point à les utiliser.

— Vous êtes spécialiste de quel aspect de l'œuvre de Marguerite Yourcenar ? interrogea Andrew Bradford pour engager la conversation sur un terrain familier à son interlocuteur et le mettre à l'aise.

— Ses rapports avec le Japon, répondit ce dernier sans l'ombre d'une hésitation.

Jean-Pierre Foucheroux ouvrit un petit calepin tout en essayant de déchiffrer l'inscription latine qui ornait l'un des abat-jour : *Animula vagula blandula Hospes comesque corporis...*

— Et vos fonctions... poursuivit Andrew Bradford.

— Je suis chargé par la Fondation Yourcenar de faire le catalogue de tous les objets de la maison avant qu'elle soit définitivement transformée en musée. J'établis des fiches informatiques sur les lieux de provenance, les dates d'acquisition, la valeur marchande, les mentions dans les textes, etc.

— Vous organisez aussi des visites, si j'ai bien compris.

— En effet. Mais sur rendez-vous exclusivement, et deux mois par an. J'attends d'ailleurs aujourd'hui des professeurs de Montréal.

— Ah ! dit Andrew Bradford en regardant son collègue. Mais ce dernier semblait abîmé dans la contemplation d'un bouddha de bronze. Vous avez fait visiter les lieux à Adrien Lampereur ?

Seul un petit mouvement de contraction des paupières bridées indiqua l'ampleur de la perturbation qu'avait entraînée cette question posée avec une négligence voulue.

— Oui, la semaine dernière.

— Et il avait pris rendez-vous quand exactement ? persista Andrew Bradford.

Il y eut une pause, au cours de laquelle le regard de Jean-Pierre Foucheroux se fixa sur la gracieuse pendule Directoire posée sur le manteau de la cheminée.

— C'était des circonstances particulières, expliqua Jun Tanaki. M. Lampereur m'avait expliqué qu'il avait été envoyé par son journal pour écrire une série d'articles sur la pêche aux homards, quand je l'ai rencontré, tout à fait par hasard, dans un restaurant de Bar Harbor. Il a manifesté le désir de visiter Petite Plaisance et il est venu dans l'après-midi du lendemain.

— C'était quel genre de visiteur ?

— Un homme très fin, très cultivé. Il avait lu toute

l'œuvre romanesque... La voix tomba et le regard se fit fuyant puis il y eut une reprise : Il s'intéressait beaucoup à la culture des Indiens natifs de la région. Il y a un musée non loin d'ici.

— Oui, à Sieur de Monts... Il vous a parlé de son reportage ?

— C'était un journaliste, répliqua Jun Tanaki avec un soupçon d'ironie. Il avait l'habitude de poser les questions, pas d'y répondre.

« Comme nous », pensa Jean-Pierre Foucheroux, à l'unisson d'un non-dit de pure politesse.

— Il a visité toutes les pièces de la maison ? s'enquit-il.

De manière fort inattendue, cette question innocente provoqua chez son interlocuteur un trouble considérable qui se manifesta par une brusque rougeur des joues et une série de circonlocutions.

— Euh !... en fait... c'est-à-dire, comme je vous l'ai dit, il s'agissait de circonstances exceptionnelles. D'habitude je ne fais visiter que les pièces du bas ; la cuisine, en particulier, attire beaucoup de commentaires, mais... mais dans ce cas... je lui ai montré aussi les chambres.

— Il y en a combien ?

— Quatre. Celle de Madame, celle de Grace Frick et deux chambres d'amis, dont celle que j'occupe.

— Et le jardin ?

La question avait fusé des lèvres d'Andrew Bradford mais ne sembla pas inquiéter celui à qui elle s'adressait directement.

— Le jardin aussi, bien entendu. Il fait partie de la visite. M. Lampereur m'a demandé des précisions d'ordre botanique, il a admiré le cadran solaire, il s'est étonné des inscriptions sur les dalles des tombes où sont enterrés les chiens. Ce sont des vers de Ronsard et de Marston. Vous voulez les voir ?

— Pas maintenant. Vous l'avez laissé seul à un moment quelconque ?

Jun Tanaki réfléchit avant de répondre avec une certaine froideur :

— Le téléphone a sonné quand nous étions dans le jardin et je suis rentré pour y répondre. Un appel d'un helléniste éminent qui voulait savoir s'il pouvait venir avant la fin du mois. Ça a pris quelques minutes pour fixer un rendez-vous. Quand je suis ressorti, j'ai vu M. Lampereur faire un signe de la main à quelqu'un derrière la haie. Dorothée Brown, je suppose.

— Dorothée Brown ?

Le commissaire Foucheroux désirait visiblement en savoir davantage.

— La vieille dame qui habite le cottage derrière la maison. L'ancienne mercière. La mémoire de l'île. Elle sait tout ce qui se passe. Vous devriez aller l'interroger.

— Je la connais. Nous avions justement l'intention de lui parler, intervint Andrew Bradford, en appuyant sur le choix du verbe. Je vous remercie de votre aimable coopération, monsieur Tanaki. Nous aurons peut-être besoin de vous ennuyer à nouveau. Une dernière chose. Où étiez-vous la nuit dernière ?

Jun Tanaki toussota, faillit prétendre « ici », comprit qu'il ne pouvait plus gagner de temps et mentit avec un étrange battement de cœur :

— Chez Eleonore Hunt.

— La romancière ? Elle habite ici ? s'étonna Andrew Bradford.

— Un peu plus bas sur la droite. La maison au porche bleu.

Il fallut à Jun Tanaki une certaine maîtrise pour résister au désir de corriger la définition proposée par le policier. *Narcissa* n'était pas un roman. Mais il savait qu'il n'était pas en position de force. Il eut le bon sens de ne pas entamer une polémique sur ce sujet délicat, et, se forçant à détourner ses regards d'un Amour mutilé du XIIe siècle qu'il fixait depuis un moment sans le voir, compensa par une politesse glacée au moment de prendre congé, en disant :

— Je reste à votre disposition, messieurs.

De la véranda vitrée, il épia les mouvements des deux hommes de même taille qui se dirigeaient, comme ils l'avaient annoncé, vers la maison de Dorothée Brown. Dès qu'ils eurent disparu derrière la haie de lauriers, Jun Tanaki sortit avec précipitation un téléphone portable de sa poche et composa un numéro auquel un nombre fort limité de personnes avait accès aux États-Unis.

Mais, même pour le privilégié qu'il était, il n'y eut pas de réponse.

7

Jeffrey Walker était rentré de sa journée de pêche avec un problème de conscience à résoudre. Comme si les tracasseries habituelles n'étaient pas suffisantes ! Toujours avoir à surveiller, au centimètre près, le nombre exact de kilomètres au large des côtes où il avait l'autorisation officielle d'exercer son métier. Un dur métier. À condition d'avoir un permis en règle, de n'utiliser qu'un nombre déterminé de bouées à ses couleurs et surtout de trouver dans l'immensité glauque les passages secrets où tendre les pièges qui se refermeraient sur les crustacés à la recherche de leur subsistance. À la suite de quoi, il faudrait bien évidemment faire le tri et rejeter à la mer ceux dont la taille n'était pas réglementaire. Au centimètre près une fois de plus. Les lois étaient de plus en plus contraignantes, les homards de moins en moins nombreux, et les pourris du gouvernement…

Jeff enleva sa pipe de sa bouche et cracha dans l'eau, d'un air dégoûté. C'était un sexagénaire aux traits burinés par le soleil, aux yeux clairs et malicieux, au nez en trompette et qui était né, s'était marié et avait eu ses trois enfants dans l'île où il mourrait un jour. Assis sans bouger à l'extrémité de son embarcadère, il donnait l'impression de s'intégrer au paysage, comme un coquillage accroché à son rocher de prédilection. « Les homards ne sont plus ce qu'ils étaient », grommela-t-il pour la énième fois en s'avouant enfin que son fils n'avait peut-être pas eu tout à fait tort de choisir une autre voie. Difficile à admettre dans une famille qui se transmettait de génération en génération l'art de la pêche aux homards. Car c'était un art plus qu'une industrie. Un art d'homme libre. Jeff les connaissait, les homards, depuis son plus jeune âge. Depuis l'époque où les casiers étaient encore en bois. C'est drôle, la première fois qu'il en avait vraiment regardé un de près, il avait cru voir un berceau renversé. Son grand-père lui avait expliqué que c'était en fait un « deux-pièces », avec une antichambre et une cuisine, où se trouve l'appât. Aussitôt que le homard y pénètre, l'orifice de communication se rétrécit, et clac ! il est pris au piège. Pourtant, certains trouvaient encore le moyen de s'échapper, au prix, parfois, du sacrifice d'une pince. Les jours de bonne prise, son père en ramenait des dizaines de kilos sur son bateau blanc, qui s'appelait l'*Anna Soror*. Il partait bien avant l'aube, dans un silence étouffé de début du monde, dans le noir le plus absolu, et ne rentrait qu'en fin d'après-midi. Les homards aux pinces entourées d'un élastique noir pour qu'ils ne s'entre-déchirent pas étaient immédiatement expédiés vers les grandes villes de l'Est. Quelques-uns étaient vendus à la criée. D'autres partaient pour les restaurants locaux, où on les ébouillantait, les grillait ou les farcissait. Le reste était congelé.

« Les gens sont vraiment comme les homards », se dit Jeff en passant des doigts impatients dans les boucles grises qui lui tombaient sur le front. « Il y a ceux qui ne se font jamais prendre, les victimes désignées et les petits malins. » Il ne savait plus très bien dans quelle catégorie se ranger lui-même lorsqu'il repensait aux événements de ces derniers jours.

Tout avait commencé l'été dernier, avec une querelle domestique qui n'était pas encore réglée. Quand son fils Lucien avait annoncé son intention irrévocable de devenir postier, Jeff, à bout d'arguments, avait joué sur la corde sensible et fait remarquer, trémolos à l'appui, que c'était la fin d'une dynastie. Il ne lui restait plus qu'à vendre l'*Anna Soror.* C'est alors que s'était élevée la voix ferme de Kate, la benjamine, qui avait déclaré en regardant son père droit dans les yeux qu'elle était prête à reprendre le bateau et à continuer la tradition familiale. À moins, évidemment, qu'il préfère qu'elle aille travailler pour son cousin, Fred Wilkinson. Jeff avait été estomaqué, si estomaqué que les mots lui avaient fait défaut et qu'il avait tapé d'un grand coup de poing sur la table avant de sortir en claquant la porte, car il avait la nette impression d'une farce dont il était l'involontaire dindon. Pire! d'une conspiration entre sa femme qui n'avait pas dit un mot et ses enfants qui prétendaient le mettre devant le fait accompli, lui démontrer que les temps avaient changé et que les filles étaient à tous égards les égales des garçons. Il se dirigea sans tergiverser vers le bar le plus proche pour tenter de se prouver le contraire.

Sur ces entrefaites arriva, de New York, Ted Merinovsky. Ce promoteur, qui savait boire, lui confia qu'il était absolument décidé à développer le potentiel touristique de l'île des Monts-Déserts, à la suite d'une étude de marché qui avait révélé que c'était l'espace de retrait et de retraite le plus enviable des États-Unis, pour des personnes d'un certain niveau de fortune à la recherche d'un endroit authentique, l'endroit que choisiraient de préférence les riches « dames célibataires », en raison d'une tradition qui remontait aux années cinquante, le coin le plus susceptible d'attirer les touristes blasés et richissimes des autres continents. Il suffisait d'aménager. Jeff l'avait écouté d'une oreille distraite et avait noté son sourire de requin, tout en le laissant payer la tournée.

« Trop beau pour être vrai », avait été sa conclusion, une fois sa sobriété retrouvée, lors de la réunion mensuelle de la Ligue des Pêcheurs de Homards, dont faisaient partie une cinquantaine de familles qui se connaissaient toutes. Et pourtant, Ted Merinovsky avait été éblouissant. Il avait préparé des maquettes, proposa la construction d'une nouvelle marina, fit miroiter des centaines de créations d'emplois pour garder les jeunes au pays, offrit le prix fort pour l'achat de terrains en bord de mer, le tout dans un style fleuri qui en avait séduit plus d'un. Avec une cascade d'arguments rhétoriques adaptés à son public, il avait imposé sa vision de l'île comme une immense aire de jeux, où le mont Cadillac servirait à de multiples divertissements alpestres, les plages seraient converties en centres ultra-modernes de thalassothérapie, les propriétés des ex-millionnaires transformées en luxueux *bed and breakfast*... Selon lui, l'île des Monts-Déserts deviendrait une sorte d'Eldorado pour toute personne désireuse d'investir dans l'avenir des loisirs. Il suffisait de faire réviser en haut lieu le statut de « parc national » et de contourner ce qu'il appelait pudiquement « les restrictions du gouvernement fédéral ».

Il avait insisté avec brio sur l'importance des îles avoisinantes, en montrant comment chacune pourrait devenir source de profit immédiat si on développait sa spécificité. Il envisagea un zoo dans l'île aux Ours, une confiserie qui utiliserait des produits locaux dans l'île aux Airelles, un aquarium géant et un centre vinicole dans l'île aux Canards. Il souleva l'intérêt de beaucoup en prétendant doter le tout d'une chaîne de restaurants qui s'appelleraient « Aux Délices du Maine » et auraient l'exclusivité de certaines recettes, conserves, livres de cuisine, ouvrages photo et documents audiovisuels. Il laissa entendre qu'il ferait faire de la publicité sur l'Internet. Il termina en déplorant que soit négligé le plus grand atout de l'île pour les foules cultivées : une maison d'écrivain! Mais il laissa ses auditeurs sur leur faim en refusant, avec une certaine coquetterie, d'en dire davantage sur les « suggestions » qu'il avait à ce sujet, tout en laissant négligemment tomber une référence à un ami hollywoodien. « Loin de moi, pérora-t-il avec vigueur, l'idée de détruire la beauté sauvage de cette île, votre île, que j'aime et que je respecte comme si elle était à moi. Je suis ici pour vous aider à tirer profit du site exceptionnel dont vous jouissez et vous convaincre qu'il serait criminel de ne pas partager avec le reste du monde une qualité de vie en voie de disparition. »

Au milieu des applaudissements polis, alors que Ted Merinovsky s'épongeait le front, s'éleva une note discordante, la voix stridente d'Ashley Brown. Debout, au fond de la salle, semblable à une antique déesse du courroux, elle hurla à l'intrus :

— Jamais. Nous ne vendrons jamais.

Et, suivie de tous les regards, elle avait tourné les talons, traînant Willy derrière elle, une lueur mauvaise dans les yeux. Quelques semaines plus tard, elle se faisait élire présidente d'une association pour la conservation des sites et le respect des droits ethniques plutôt assoupie, et qui regroupait des mécontents, des timides, des nostalgiques, deux ou trois écologistes dissidents et quelques descendants des Indiens abenakis. Sous son inspiration, « Sauvez notre île » était devenu un modèle de groupe de pression, dont les exigences étaient prises au sérieux au niveau de l'État du Maine et parfois jusqu'à Washington.

« Triste histoire, tout de même, que la sienne », soupira Jeff tout en tapotant le tuyau de sa pipe contre un des piliers de bois. Née dans les bois de l'île aux Canards, adoptée, à la mort de ses parents, par les Brown, qui avaient eux-mêmes la réputation d'être des sauvages... Elle avait quelques mois. Menée de force à l'école, toujours en train de faire des fugues quand elle était petite. On la retrouvait endormie au creux d'un rocher, ramassant des fleurs à flanc de montagne, chantonnant des incantations à la pleine lune. Une fois, elle s'était glissée sous une bâche de l'*Anna Soror* et avait essayé d'ouvrir les casiers à homards pour les rejeter à la mer ! Son père avait pris un coup de sang et elle avait reçu une mémorable correction ce jour-là... Puis, à l'adolescence, il y avait eu l'étrange amitié avec la demoiselle de Boston, Jane Haworth Charles, dont les parents possédaient la Villa Alexis. Pendant les vacances, elles étaient inséparables, tête brune et tête blonde bondissant quotidiennement, comme des ballons, dans les vagues. Ashley avait appris à jouer au tennis... Il avait été même question qu'elle aille à l'université. Mais toute cette belle histoire avait tourné au drame dix-huit ans plus tôt, un drame dont Jeff avait été l'involontaire témoin. Son regard se tourna vers le découpage aigu de la côte de l'île des Monts-Déserts. Il gardait encore en mémoire le bruit ferrugineux de la tôle suppliciée se fracassant sur les rochers, ainsi que l'éclat sulfureux de la gerbe d'étincelles qui avait soudain illuminé le crépuscule du matin. Quand il était arrivé sur les lieux, il avait trouvé Ashley en équilibre précaire au bord de la corniche, prête à se jeter dans le vide, avec un paquet vagissant dans les bras.

— Non, avait-il crié, par réflexe. Non.

La jeune fille avait alors tourné vers lui un regard noir où étaient inextricablement mêlés de l'eau et des braises, de la violence et du désespoir, le regard d'une démente, qu'avaient soudain recouvert ses longs cheveux flottants. Un regard de haine dont il n'avait pas compris la signification et qui le poursuivait jusqu'à ce jour, dans ses rêves nocturnes... Comme si elle avait admis la défaite, elle lui avait alors tendu le bébé dans ses langes, un nouveau-né dont la grimace lui avait rappelé celle de la petite Kate. Il en avait profité pour saisir le bras d'Ashley et pour l'éloigner d'une chute dont il ne saurait jamais s'il l'avait sauvée. En dessous, il ne restait de Jane Haworth Charles qu'un rougeoiement intense qui se dissipait en épaisses et funestes volutes de fumée.

Le Parquet avait finalement conclu à un accident. Ashley Brown et son fils, dont elle avait obstinément refusé de révéler le nom du père, étaient allés se cloîtrer dans l'île aux Canards, avec pour tout bien une maison en ruine et un bateau qui ne valait guère mieux. Mais quand il avait essayé de l'aider, se sentant vaguement responsable de son sort, Ashley Brown lui avait fait clairement comprendre qu'elle ne souhaitait pas avoir le moindre contact avec lui. En fait, elle ne l'avait jamais remercié, l'évitant même, chaque fois qu'elle le pouvait. Sans parler de cette ingratitude insigne, après les complications et les pertes de temps que l'enquête avait entraînées pour lui, Jeff Walker s'était promis de ne plus jamais être témoin de rien.

Or voici qu'il venait d'être à nouveau l'involontaire témoin d'un autre incident. À croire que le destin s'acharnait contre lui ! Et qu'Ashley Brown était plus une petite maligne qu'une victime désignée. Peut-être que tout n'avait pas commencé l'été dernier, mais dix-huit ans auparavant, l'année de la naissance de Willy – et de Kate. Kate, qu'il ne laisserait à aucun prix aller se jeter dans la gueule du loup.

Jeff Walker contempla un moment de plus la crête serpentine et argentée des vagues de la baie du Français, secoua la tête de droite à gauche, et finit par se lever en murmurant : « Misère de moi ! »

8

Lorsque Andrew Bradford frappa contre le bois qui transparaissait en dépit de nombreuses couches de peinture blanche, la porte s'ouvrit presque immédiatement sur une pièce aux meubles confortables, au milieu de laquelle se tenait le révérend Simpson, prêt à prendre congé de son hôtesse. Mais après avoir fait les présentations, Andrew Bradford pria tout le monde de s'asseoir et commença :

— Vous vous doutez de la raison de notre visite...

Le révérend George Simpson Jr. eut l'air perplexe.

— À vrai dire non, mon garçon. Je rentre d'un accompagnement aux mourants et nous prenons le thé. Je suis heureux, cependant, de te voir. Ça fait deux ans...

— Je suis malheureusement ici pour des raisons officielles, interrompit Andrew, qui voulait éviter à tout prix les réminiscences publiques du brave homme sur son absence de l'été passé, car elles mèneraient inévitablement à d'autres, plus anciennes. Je dois vous informer que le journaliste, Adrien Lampereur, a été retrouvé mort, à côté d'ici, dans le jardin de Petite Plaisance.

Il s'arrêta pour juger de l'effet produit par cette révélation. Les yeux baissés, Dorothée Brown se tenait parfaitement coite, tandis que le pasteur s'exclamait :

— Mais c'est impossible ! J'étais...

Quelque chose se brisa dans sa voix.

— Vous étiez... reprit avec douceur le commissaire Foucheroux, pour l'inviter à poursuivre.

— J'étais avec lui hier après-midi. Il voulait me consulter sur... sur un point de théologie, termina-t-il avec maladresse.

— Lequel ? demanda directement Andrew Bradford.

— Je crains de ne pouvoir répéter ce qui m'a été dit en confidence...

— Puis-je insister, mon révérend, sur le fait qu'il ne s'agit pas d'une mort naturelle. Le ton s'était considérablement durci. Nous parlons d'un meurtre. Et il ne saurait être question d'invoquer le secret de la confession, Adrien Lampereur étant catholique, je présume.

George Simpson s'apprêtait à rétorquer, sans charité aucune, qu'à son sens était chrétienne toute personne déclarant croire en Jésus-Christ, et que, conséquemment, cette personne pouvait communier dans son église et se confesser à lui indépendamment de ses pratiques religieuses, quand un tressaillement de Dorothée l'arrêta net.

— Nous avons parlé principalement de la fin et des moyens, dit-il avec calme.

— À quel propos ?

— À partir de l'interprétation d'un texte de Quadratus.

Comprenant qu'ils avaient affaire à un maître de la rhétorique de l'évasion, en raison d'un entraînement intensif au séminaire de Bangor, Jean-Pierre Foucheroux contrecarra avec une tactique de diversion.

— Quel genre d'homme était-il ?

Le révérend Simpson hésita à peine.

— Un honnête homme, à l'âme tourmentée. Un être de paradoxes, comme nous tous. Quelqu'un qui cherchait encore sa voie et se trouvait devant son rocher de Béthar.

Jean-Pierre Foucheroux et Andrew Bradford froncèrent de concert les sourcils, dans un commun effort pour se souvenir à quel passage biblique le pasteur pouvait bien faire allusion et se firent un petit signe négatif de la tête, accompagné d'une moue qui n'échappa point à Dorothée Brown mais que ne remarqua nullement celui qui parlait.

— Il m'a confié qu'il était veuf, qu'il avait un fils adoptif et que ce reportage serait son dernier. Mais vous devez savoir tout cela.

— Nous savons peu de choses sur la victime, à ce point de l'enquête. Et encore moins sur son assassin, admit Andrew Bradford. C'est pour cela que nous avons besoin de votre assistance, Dorothée.

La vieille femme leva vers lui des yeux presque suppliants et répondit de manière cryptique :

— L'île n'est plus dans l'île, Andy. Je ne sais rien. Je n'ai rien vu ni entendu. Je ne peux pas vous aider.

— Vous avez rencontré Adrien Lampereur ?

— Une fois, admit-elle. Il est venu me demander de lui raconter mes souvenirs sur les pêcheurs de homards avant la guerre.

— Et quelle impression…

— Quelle impression peut-on se faire au cours d'un seul entretien ? repartit-elle avec une fermeté retrouvée. Il m'a donné l'impression d'un journaliste qui faisait son sale métier de fouineur.

Le dernier mot mit le commissaire Foucheroux sur la piste.

— Vous avez déjà eu affaire à des journalistes, avant ? demanda-t-il sur un ton innocent.

— Une autre fois. Il y a longtemps. Je déteste les journalistes. Tous des fouineurs. Comme les dames de la Villa Alexis.

L'ambiguïté grammaticale ne fut perdue pour aucun des trois hommes qui l'écoutaient avec attention.

— Nous devons justement leur parler, lui dit Andrew Bradford en se levant. Nous sommes des fouineurs pour la bonne cause, Dorothée, vous le savez bien.

Elle inclina la tête de telle sorte que nul ne put lire l'expression dont son visage était empreint. Mais dès que les deux policiers eurent franchi le seuil de sa maison, elle porta une main à sa bouche, comme pour réprimer une nausée, et se jeta dans les bras grands ouverts de George Simpson, qui fit entendre une suite de petits grognements de réconfort avant de poser un chaste baiser sur la tête grise posée avec abandon sur son épaule droite.

— Pourvu… commença-t-elle.

— Chut… chut… la fit-il taire. Il n'y a pas de raison pour qu'ils aillent déterrer des événements vieux de vingt ans. Tout ça c'est du passé. Du passé.

Une fois dehors, les deux hommes se consultèrent du regard, chacun se demandant que penser des réticences qui se manifestaient un peu partout.

— Il va falloir consulter une **concordance** de la Bible pour Béthar, suggéra Andrew Bradford. Mais, en attendant, allons à la Villa Alexis.

Il retint un sourire amusé en voyant son ami rajuster instinctivement sa cravate et sortir de sa poche un peigne pour se recoiffer, d'un air faussement dégagé qui ne trompa personne. Il remarqua aussi son effort pour se tenir plus droit et pour dissimuler dans la mesure du possible le boitillement qui le handicapait.

La Villa Alexis avait été construite par de lointains parents des propriétaires actuels, les Haworth Charles. Au début du XIXe siècle, un mineur du pays de Galles et son frère, qui était plombier, avaient quitté la misère de leur condition pour venir, comme tant d'autres, faire fortune en Amérique. Eux y avaient parfaitement réussi. Leurs descendants étaient solidement établis à Boston, à Philadelphie et à Pittsburgh, à la suite d'un savant jeu de mariages avantageux, et chaque branche possédait un chapelet de résidences secondaires, où tous les cousins se retrouvaient pour les vacances. Dans l'île des Monts-Déserts, il restait trois maisons, une à Bar Harbor, une à Southwest Harbor et la Villa

Alexis, à Northeast Harbor. Coiffées d'un gracieux péristyle, elles avaient un air de famille et portaient toutes des noms de personnes.

Andrew Bradford frappa trois petits coups secs avec le heurtoir de bronze en forme de sirène lovée sur elle-même. Des pas légers quoique précipités se firent aussitôt entendre et la porte fut ouverte par une jeune femme à la limite de la maigreur, qui retenait d'une main incertaine une masse de boucles en désordre et fraîchement lavées. « Si c'est Gisèle Dambert, elle n'est pas très belle », se dit l'agent du gouvernement américain, en examinant d'un œil critique les immenses yeux bleus sans fard, le pli sévère de la bouche, le teint sans éclat et les vêtements quelconques de l'occupante des lieux. Mais, à demi dissimulé derrière lui, Jean-Pierre Foucheroux eut une autre vision. Celle d'une muse aux cheveux couleur miel, encadrant un ovale d'une idéale pâleur, et dont la silhouette parfaite se devinait en transparence sous le coton rose d'une robe de jardinage.

— Bonjour, mademoiselle. Désolé de vous déranger, je m'appelle Andrew Brad...

Il s'arrêta net car il aurait aussi bien pu ne pas exister. Gisèle Dambert avait vu qui l'accompagnait et, le premier moment de surprise passé, arrondit les lèvres autour d'un « oh » qui resta inexprimé, puis prononça d'une voix à peine audible :

— Vous êtes venu.

Elle se le rappelait moins grand, plus vulnérable. Mais il avait toujours cette étonnante ressemblance avec le vice-président des États-Unis, qu'elle avait notée la première fois qu'elle avait posé les yeux sur lui, dans le train qui les conduisait de Paris à Chartres [1]. Ce qui expliquait en partie que, quand bien même elle eût voulu oblitérer son souvenir, la chose n'eût pas été possible, l'image d'Al Gore apparaissant

1. Cf. note p. 45.

fréquemment sur les écrans de télévision ou s'étalant en première page des journaux. Le soutien inconditionnel de Gisèle à l'administration du moment avait souvent irrité son amie Jane qui tonitruait régulièrement contre le manque de conscience politique de certaines femmes qui votaient comme des imbéciles, ou comme leurs maris, ce qui revenait au même, pour des raisons purement émotionnelles, si tant est qu'elles votassent. Gisèle faillit dire : « Et votre genou ? », se retint juste à temps, rougit d'avoir songé à poser la question. Incapable de maîtriser la confusion de ses sentiments, elle resta plantée comme une potiche, les yeux rivés sur ceux du commissaire Foucheroux. Le regard bleu et le regard gris se caressèrent presque impudiquement en présence d'une tierce personne et Andrew fut soulagé par l'arrivée bruyante d'une petite femme brune, qui rompit immédiatement le charme.

— Professeur O'Flynn, déclara-t-elle sur un ton péremptoire. Vous êtes de la police ? Qu'est-ce que vous voulez ?

— Vous parler, répondit Andrew Bradford, qui détesta tout de suite, et viscéralement, l'allure, l'accent et l'agressivité manifeste de la nouvelle arrivée.

— Nous parler, vraiment, reprit-elle, sarcastique. Nous avons dû nous prêter toute la matinée aux abus verbaux de votre collègue et vous voulez nous parler ! Et pénétrer sans doute dans notre domicile sans le moindre mandat de perquisition. Non, mais je rêve ! Gisèle, tu ne leur dis pas un mot, tu m'entends, pas un mot !

Toute sa petite personne tremblait d'indignation.

— Mais… protesta faiblement son amie.

— Il n'y a pas de mais. Pas un mot, je te dis. Nous n'allons pas nous laisser intimider par les représentants d'une autorité patriarcale, qui, entre parenthèses, ne nous a même pas montré la preuve de sa légitimité !

Andrew Bradford fit mine de chercher quelque chose dans sa poche.

— Et quand bien même ils nous montreraient un bout de papier ou un morceau de plastique, reprit Jane de plus belle, souviens-toi de cet article dans le *Boston Times* dénonçant les abus de pouvoir de la police ! Souviens-toi de Rodney King ! Sans parler des individus qui prétendent faire partie de la police et viennent sous ce fallacieux prétexte repérer les lieux de leurs futurs viols...

— Jane, du calme, essaya d'intervenir Gisèle.

— Du calme, du calme ! Ah, ma pauvre fille, on voit bien que tu es d'un pays où les femmes sont encore opprimées par les clichés sur la loi du père ! Après tous mes efforts pour t'éduquer... Sa voix se brisa mélodramatiquement. Elle croisa les bras sur sa poitrine et jeta sur le ton de la dignité blessée : Nous ne parlerons qu'en présence de notre avocate, point final.

Et elle allait leur claquer la porte au nez quand Gisèle, reprenant enfin ses esprits, l'en empêcha d'une seule phrase :

— Je connais le commissaire Foucheroux.

Il sembla à ce dernier que personne, jusque-là, n'avait prononcé son nom avec cette intonation mélodieuse, qui faisait soudain de lui un être unique, d'une essence rare et merveilleuse.

— Commissaire Foucheroux de la Police judiciaire, reprit-il en écho. L'agent Bradford est chargé d'enquêter...

— Bradford, l'interrompit Jane, coupant court à toute tentative d'explication. Bradford ? Il est apparenté au capitaine Bradford ?

Elle pesta en son for intérieur contre celui qu'elle avait immédiatement catalogué comme WASP à cause de son costume bleu marine bon chic bon genre, de son physique d'acteur de cinéma et de l'assurance qui se lisait indéniablement dans ses yeux – fruit, selon elle, de privilèges usurpés depuis des générations.

— « Il » est son neveu, interjecta Andrew Bradford avec une ironie narquoise. « Il » a le droit et même le devoir d'interroger les témoins potentiels d'une affaire criminelle. Chez eux… pardon, chez elles, ou au poste de police à leur choix. Quel est leur choix ?

Consciente de l'hostilité grandissante, Gisèle Dambert eut une inspiration.

— Pourquoi ne pas nous installer au jardin, proposa-t-elle avec un petit signe en direction d'une table ronde entourée de quatre chaises posées à l'ombre d'un saule.

Jane lui décocha un regard noir qui signifiait « Trahison ! » et jeta avec un air de défi :

— Pas avant que j'aie téléphoné à Richard.

Andrew Bradford hésita un instant, regarda, surpris, Jean-Pierre Foucheroux qui acquiesçait déjà de la tête et capitula.

— Nous vous attendrons, lui dit-il. Et dès qu'elle eut le dos tourné, il demanda : Qui est Richard ?

— Son ex-mari. Une longue histoire, répondit Gisèle un peu embarrassée. Vous voulez boire quelque chose ? Du thé glacé ? De l'orangeade ?

Andrew Bradford réagit trop vite et fort mal à cette aimable proposition.

— Je me permets d'insister, mademoiselle, sur le fait que je suis ici en mission officielle et non pour une visite de courtoisie…

— Je prendrais volontiers du thé, interrompit Jean-Pierre Foucheroux pour signifier son désaccord d'avec les paroles qui venaient d'être prononcées si sèchement.

Le regard de Gisèle alla de l'un à l'autre. Elle détestait être rabrouée. Elle détestait plus encore qu'on volât à son secours. Une réplique cinglante lui monta aux lèvres, une réplique digne de Jane, mais elle se contenta de dire en tournant les talons avec une brusquerie peu coutumière :

— Fort bien. Je reviens tout de suite.

Andrew Bradford allait tancer vertement son ami et l'accuser carrément d'un manque de professionnalisme quand celui-ci lui dit sur un ton apaisant, tout en se dirigeant vers l'endroit que Gisèle avait désigné :

— Pas la peine de la bousculer. Nous obtiendrons davantage d'elle par la douceur que par la violence.

— Même de Jane « je sors ma bannière de militante dès que j'entrevois un représentant de l'ordre patriarcal », plaisanta Andy, faisant preuve d'une certaine rancœur contre la manière dont son ami s'était allié contre lui avec cette Gisèle Dambert.

— Avec Mlle Dambert, certainement, affirma Jean-Pierre Foucheroux. Quant à l'autre... Je suis pour la méthode douce, en général, tu sais bien...

— Bonne chance, mon vieux. C'est là qu'on voit les différences culturelles. Tu n'as aucune notion de ce que c'est qu'une Jane O'Flynn. C'est la peau de gens comme nous qu'elle veut. Parles-en à Margret. Elle te dira que la frange extrême...

Mais avant qu'il ait pu expliciter les délicates nuances entre les divers courants du mouvement féministe américain, Gisèle Dambert était revenue vers eux, apportant un plateau chargé d'un grand pichet et de quatre verres.

— Jane arrive, les informa-t-elle.

Sans attendre, elle versa dans les verres, avec la dextérité d'une maîtresse de maison accomplie, un liquide doré qui embua leurs parois dépolies.

— Comment puis-je vous aider ? demanda-t-elle après avoir bu une gorgée.

— En disant la vérité, comme toujours, lui répondit le commissaire Foucheroux, mi-figue, mi-raisin.

Elle reposa son verre sur la table avec un peu trop de force, dans un cliquetis cristallin de glaçons affolés. Andrew Bradford se promit de demander des explications ultérieures sur le sens de la réponse qu'elle fit alors :

— Je ne peux vous dire que ce que je sais.

Il y eut une longue pause, qui dura jusqu'à ce que Jane vienne s'abattre comme une trombe sur la chaise en face de son amie, avale d'un trait le contenu de son verre et dise avec détermination :

— Richard m'a conseillé de ne parler qu'en présence de notre avocate. Rentrons, Gisèle.

Andrew Bradford lança à Jean-Pierre Foucheroux un regard entendu qui signifiait clairement : « Je te l'avais bien dit ! »

9

D'un yacht aux voiles bleues et blanches qui glissait, aérien, le long de la côte nord de l'île aux Canards fusaient des éclats de rire intermittents et s'envolaient des bribes de musique jamaïcaine. Plusieurs personnes accoudées au bastingage firent de petits signes d'amitié à la femme et au jeune homme qui marchaient côte à côte sur la plage de sable blanc mais la politesse ne leur fut pas retournée. En fait, les promeneurs tournèrent délibérément le dos aux intrus pour regagner une grande maison délabrée, à demi dissimulée par des bosquets de conifères bleutés et de lourds massifs de roses sauvages.

— Il va falloir sérieusement rénover pour en faire un haut lieu du Club Hadriana, plaisanta un sautillant personnage, bedonnant et vêtu avec un laisser-aller étudié.

— Il faudrait d'abord se débarrasser de la folle qui y habite et de son débile mental, rétorqua sans précautions oratoires son compagnon, un grand frisé qui tenait une coupe aux trois quarts vide à la main. Que pensez-vous de ce champagne ?

Le mot fut prononcé à l'anglaise, avec un petit sourire de satisfaction. Roberto Spaldini fit une moue qui ne présageait rien de bon mais décida qu'il était dans son intérêt immédiat de ne pas offenser son interlocuteur.

— J'ai bu pire, soupira-t-il. Rarement, mais j'ai bu pire. *Mamma mia* ! Il y a des crus exécrables en Oregon et au Missouri. Quant à la Californie… (Il leva les yeux au ciel et fit du pouce un geste de dépréciation qui exprimait sans équivoque ses sentiments négatifs vis-à-vis des vignobles les plus réputés pour la qualité de leur vin.) D'un autre côté, on ne peut pas s'attendre à des miracles après un temps si court de reprise d'exploitation.

Le soleil déclinait lentement, nappant l'île aux Canards d'un halo de lumière veloutée qui adoucissait ses arêtes de granit et faisait sortir de l'ombre les gradins de sa forêt. À flanc de coteau, on distinguait nettement des rangées de pieds de vigne, alignées au cordeau. Vue de loin, on aurait dit l'esquisse d'un gigantesque oiseau de mer posé en équilibre sur le calme plat de l'océan.

Roberto Spaldini trempa à peine des lèvres méprisantes dans son verre encore plein et fit une petite grimace.

— Franchement, Ted, à ce point de l'expérience, tout ce que vous pouvez souhaiter, c'est de voir le fameux rayon vert ! On dit que tous les vœux sont alors exaucés…

— Vous n'êtes guère encourageant, protesta Ted Merinovsky. Je croyais pouvoir compter sur votre collaboration…

— Mais vous le pouvez, cher ami, vous le pouvez… Le célèbre critique fit marche arrière. C'est convenu. Voyons, rappelez-moi le nom de votre petite aventure œnologique.

— Clos Marguerite.

— Clos Marguerite ? C'est bien banal. Et, comment dirai-je ? Frelaté. Enfin, pas plus que les liquides que vous allez produire, je suppose, car il leur faudra de l'aide si leur goût se rapproche de la piquette qu'on nous inflige ce soir.

Il s'arrêta brusquement et mit sa main en visière car il avait cru distinguer le jet d'une baleine, au milieu des effets chatoyants des reflets jouant sur l'eau à l'horizon. Mais il s'était trompé. Déçu, il attendit quelques instants avant de reprendre, avec une certaine suffisance :

— Je ne vous ai jamais dit, par ailleurs, qu'il était impossible d'améliorer la qualité de votre production. Avec une image de marque soigneusement mise au point, une bouteille originale et du sucre, beaucoup de sucre. Il se gratta l'oreille, réfléchissant à haute voix. Il faudra aussi trouver une appellation qui interpelle le consommateur. Franchement, Clos Marguerite, c'est d'un ringard ! Non, il faudrait quelque chose qui fasse plus local, du genre Les Pentes d'Acadie. Ou alors du périphériquement mythologique. Réserve Icarus, peut-être... Quoique ça ait l'air bien grec...

— En tout cas, vous écrirez...

— Un article favorable, pétillant, mais bien entendu, Ted, le moment venu. Nous sommes associés.

Ted Merinovsky finit son verre d'un trait avant de murmurer comme en confidence :

— Les choses se présentent plutôt bien dans l'ensemble.

— J'ose l'espérer, mon cher, avec les sommes que nous avons déjà investies dans le projet.

— Sauf pour l'île aux Canards, admit Ted Merinovsky d'un air soucieux.

— Vous parlez de difficultés... légales ? dit l'autre en baissant la voix. Et comme il n'obtenait pas de réponse immédiate, il poursuivit : Je suis sûr que vous allez trouver un moyen d'arriver à vos fins. Si vous pouvez vendre du... vin de cet acabit, rien n'est impossible. Et au pire, termina-t-il dans un souffle, on peut toujours appeler Palerme.

— Je voudrais éviter... commença Ted Merinovsky.

— Il n'y a pas toujours moyen d'éviter, coupa Roberto Spaldini. Mais ce n'est pas à moi de vous rappeler les enjeux...

— En effet, ce n'est pas à vous. La voix s'était durcie

et les yeux marron brillèrent d'un éclat menaçant. N'oubliez pas que vous avez à perdre autant que moi dans cette histoire. Davantage même, si la nouvelle de votre condition médicale se répandait.

— Mais elle ne se répandra pas, Ted, au contraire des rumeurs de falsifications de documents vous concernant. Et pour en revenir à votre affaire vinicole, il serait peut-être possible de vous associer avec un producteur bordelais que je connais. Ça donnerait un petit cachet international…

Une ravissante jeune femme fort dénudée s'avança vers eux, avec la grâce fragile d'une danseuse, un plat de hors-d'œuvre multicolores à la main. Ted Merinovsky fit le plein de toasts au caviar, tandis que Roberto Spaldini séparait d'un air dégoûté une tranche de saumon fumé de son support de pain de seigle.

— Apportez donc une flûte de Veuve-Clicquot pour monsieur, ordonna le promoteur sur un ton sans réplique.

— Deux, rajouta Roberto Spaldini, en faisant de grands signes en direction d'un petit homme qui fumait une Gauloise au milieu d'un groupe de personnes tirant goulûment sur leurs cigares. Gérard, mon ami, venez par ici que je vous présente…

*
**

Sur l'île, Ashley Brown s'était mise à préparer le repas du soir. Par la fenêtre ouverte, elle vit s'éloigner le jouet de luxe que certains appelaient bateau, mais qui n'avait rien à voir avec le vieux chalutier sur lequel elle naviguait depuis vingt ans. Tout en épluchant les légumes et en écaillant les poissons qu'elle allait faire griller, elle se permit quelques instants de détente, maintenant qu'elle savait Willy enfermé dans sa chambre. Probablement en train d'écouter de la musique, comme n'importe quel adolescent de son âge. De temps en temps elle oubliait, pour quelques secondes, qui il était. À le voir, le jeune homme tenait de l'ange. Ashley gardait en mémoire des tableaux d'anges musiciens reproduits dans un livre italien que lui avait prêté, bien des années auparavant, son amie Jane. Il y en avait un blond clair, vêtu de pourpre et d'or, aux yeux écartés, à la bouche charnue, qui ressemblait à s'y méprendre à Willy. Et à Jane.

La lame mal affûtée du couteau dérapa sur la pelure violette d'un oignon et faillit percer le pouce d'Ashley. Elle ne laissa échapper aucune exclamation mais posa les mains à plat sur la table de la cuisine et respira profondément, plusieurs fois de suite. L'air iodé emplit ses poumons et la régénéra presque instantanément. Les manches relevées de son chemisier à franges laissaient voir des marques jaunes et bleues sur ses avant-bras. Elles dataient de plusieurs jours, du jour où Willy avait fait sa dernière crise et tout cassé dans la grange. Il lui avait fallu appeler le docteur Simon... Ashley avait beau surveiller Willy, il déployait des trésors de duplicité perverse pour éviter d'absorber les médicaments sans lesquels une apparence de vie normale ne pourrait pas être maintenue. Des médicaments dont les doses et le prix augmentaient chaque jour...

Ashley reprit sa besogne et repoussa impatiemment une fine mèche de cheveux noirs échappée à l'étreinte contraignante de ses longues nattes. Il s'agissait tout simplement de ne pas penser. D'accomplir une à une les tâches quotidiennes, comme si de rien n'était. Après tout, cette stratégie de l'autruche avait fait ses preuves, duré et réussi pendant plusieurs années, jusqu'à ce qu'elle trouve la première et sanglante évidence du dysfonctionnement psychique de Willy. Après, il n'avait plus été possible d'ignorer la violence des démons qui habitaient l'enfant. Il avait fallu cacher l'oiseau mutilé, le chat torturé, l'écharpe souillée. Il avait fallu couvrir ses traces, mentir, biaiser.

Mais depuis la mort de Jane, le but unique de l'existence d'Ashley avait été de protéger celle de son fils. Elle avait tout sacrifié pour le seul être qui la reliait, de manière si absurdement ténue, à la disparue. Et rien ni personne ne lui enlèverait Willy maintenant. Aucun bout de papier ne les menaçait plus. Aucun prêtre. Aucun journaliste. Ashley pouvait poursuivre sa mission et attendre en toute tranquillité le jour où le faux ange la tuerait. Car il la tuerait, elle n'en doutait pas. Mais au-delà de sa mort, il serait en sécurité. Elle y avait veillé. Elle avait tout prévu.

Avec un petit sourire amer, Ashley mit une odorante tarte aux fruits rouges à cuire dans le four. À peine avait-elle refermé la porte qu'un bruit de moteur la fit sursauter. Simultanément, la porte de la chambre de Willy s'ouvrit et, en dévalant l'escalier, le bel adolescent dit de la voix la plus naturelle du monde :

— J'ai faim. Quand est-ce qu'on mange ?

— Dans dix minutes, répondit-elle sur un ton égal, sans manifester la moindre surprise.

Mais elle savait qu'il savait. Un air de triomphe narquois déformait son profil de médaille et tout son corps criait silencieusement victoire. Elle détourna les yeux de cette obscène perfection, qui continuait à tromper tant de monde, et regarda délibérément dans l'autre direction, vers le rectangle clair de la fenêtre innocemment ouverte sur les terreurs de la nuit naissante. Son cœur se serra à l'idée des sacrifices qu'elle allait devoir accomplir une fois de plus, pour Jane.

10

La nuit s'installa avec lenteur, ce soir-là, sur l'île des Monts-Déserts. Mille points lumineux, groupés en figures géométriques irrégulières, qui semblaient reliées entre elles par des fils tendus dans le vide, comme ceux d'intermittentes toiles d'araignées, envoyaient les signes obstinés de la continuation des activités humaines, en dépit des progrès inexorables de l'ombre.

À onze heures précises, le capitaine Bradford posa sur la table du salon le journal qu'il ne lisait plus depuis un moment déjà et quitta son fauteuil pour aller éteindre les lumières et fermer la porte-fenêtre qui donnait sur les formes pratiquement indiscernables de la baie du Français. Il nota machinalement que le rayon du phare balayait comme à l'accoutumée la masse ondoyante des vagues dépourvues de couleur. La marée était montante et la lune à son premier quartier. Valentine sur ses talons, il remonta l'escalier qu'il avait le matin même descendu avec ce qui lui paraissait maintenant une relative insouciance. Perdu dans ses pensées, il négligea de rapporter à la cuisine trois verres à porto qui luisaient faiblement dans la pénombre, sur un plateau d'argent, à côté de fines tranches de pommes et de fromage racorni. Il reprit son souffle sur le palier du premier étage et ne put s'empêcher de remarquer le rai de lumière jaune qui se coulait sous la porte de la chambre d'Andy. Contrairement à ce que son neveu avait prétendu, il ne s'était pas retiré de bonne heure pour aller dormir mais bien pour éviter un tête-à-tête, aussitôt que Jean-Pierre Foucheroux avait manifesté, fort courtoisement, le désir légitime d'aller se reposer. Un coup d'œil en direction de la chambre d'amis ne révéla aucun mouvement, aucun son, aucune lampe allumée derrière la porte close. Son occupant devait dormir du sommeil du juste.

— À demain, Valentine, murmura affectueusement le vieil homme à sa chienne, qui se coucha sagement sur son coussin favori pour monter la garde devant le refuge de son maître. À demain, Fifille.

Andrew Bradford avait entendu les pas de son oncle, et la brève pause qu'ils firent devant la porte de sa chambre provoqua un geste impulsif de son bras en direction de sa lampe de chevet. Il s'interrompit juste avant d'éteindre et s'en voulut de cette réaction infantile. « Je régresse, se dit-il, comme chaque fois que je viens dans cette maison ! » Mais il n'était plus un petit garçon qu'on risquait de gronder parce qu'il écoutait sa musique trop avant dans la nuit. Et il y avait longtemps qu'il n'avait plus besoin de dissimuler des lampes électriques sous ses couvertures pour se délecter des aventures de ses héros préférés ou pour regarder en cachette des images interdites. Le retour du vieux réflexe l'irrita à tel point qu'il décida d'en rajouter dans le sens inverse et alluma illico son vieux poste de radio, dont l'aiguille était coincée sur la station de musique classique qu'il écoutait en permanence durant les vacances. Mais après quelques mesures de fanfares wagnériennes assez peu de son goût, l'appareil fit entendre une série de sinistres grésillements, puis un bourdonnement continu auquel il mit fin avec une certaine brusquerie. « Il vaut mieux que je dorme », s'admonesta-t-il. « Profitons de l'absence de Tim ! » Mais à peine se fut-il forcé à fermer les paupières qu'une sarabande d'images cacophoniques se pressa dans son esprit. Le bateau échoué de son oncle alla se poser sur le même banc de sable que le trafiquant qu'il n'avait pas réussi à arrêter. La voix sèche de son supérieur se mêla aux tendres reproches de Margret. D'imaginaires pleurs d'enfant se substituèrent à un râle inexpliqué. Avec un soupir, Andrew Bradford ralluma la lampe qu'il venait d'éteindre et reprit le récit des aventures de Nisus et d'Euryale là où il les avait laissées quelques minutes auparavant.

« Il faut absolument que je dorme », se disait au même instant Jean-Pierre Foucheroux, de l'autre côté de la cloison. Sa chambre n'était pas encombrée, comme celle de son ami, de souvenirs d'enfance. C'était une grande pièce carrée, percée de doubles fenêtres, meublée avec un goût féminin d'un coffre en bois de cèdre peint, d'une table aux pieds délicatement torsadés et d'un miroir ancien dont le trumeau représentait une naïve scène champêtre. La température de l'air y était parfaite, les draps du lit d'une exquise douceur, et la qualité du silence rehaussée par le bruit régulier des vagues, qui produisait un effet de berceuse. En dépit de ces conditions idéales, le commissaire Foucheroux n'arrivait pas à s'endormir, agité qu'il était par des sentiments contradictoires et par une sourde inquiétude qu'il ne savait à quoi attribuer – sauf peut-être à l'angoisse qui accompagnait toujours pour lui les débuts d'une enquête. Celle-ci, en territoire étranger, et non officielle, ne promettait pas d'être facile. Il allait falloir se plier à d'autres formes de procédures. Ne rien assumer. Et tout était d'ores et déjà compliqué par des facteurs d'ordre personnel : les problèmes d'Andy et la présence de Gisèle Dambert. « Il faut absolument que je dorme », se répéta-t-il. « Tant pis. » Et il avala les deux comprimés de Melatonex qu'on lui avait recommandé de prendre avec un verre d'eau pour contrecarrer les effets du décalage horaire. Bientôt, des fragments de corps et de visages flottèrent en désordre dans son esprit. Les yeux fermés et les mains jointes de Clotilde dans son cercueil, à côté des boursouflures sur le cou d'Adrien Lampereur, reposant sur une civière. La peau trop lisse et le regard fuyant de Junichi Tanaki, juxtaposés à la bouche grimaçante de Jane O'Flynn. L'émouvante économie des gestes de Dorothée Brown, en contraste avec l'étonnante maîtrise acquise par Gisèle Dambert en Amérique. Il s'interdit de spéculer sur l'évolution psychologique d'une ex-suspecte mais, radieuse au-dessus de toutes les autres, ce fut l'image de son visage surpris et souriant qui le conduisit enfin, sans heurts, dans le domaine magique des songes et des sorts.

***

Gisèle et Jane étaient au milieu d'une vive discussion, dont les éclats empêchaient Katicha de savourer la paix nocturne à laquelle il était habitué au retour de ses promenades crépusculaires. Déjà dérangé dans son sommeil la nuit précédente par des étrangers à la maison, le chat était de fort méchante humeur et happa une malheureuse phalène attirée par la douce lumière d'un fanal bleu.

— C'est bien simple, Jane, je ne te comprends pas, affirmait sa maîtresse pour la troisième fois. Je ne vois pas en quoi avoir une conversation polie avec ces deux hommes peut constituer un délit.

Jane monta immédiatement sur ses grands chevaux.

— Je n'ai pas parlé de délit, Gisèle, j'ai parlé de danger. De danger. Tu confonds tout.

— De danger ? Pour qui ? Nous n'avons rien à faire avec la mort de ce journaliste. Ce n'est même pas nous qui avons découvert son cadavre ! Ce n'est pas dans notre jardin…

— Là n'est pas la question.

— Bon, alors où est-elle, la question ? s'impatienta Gisèle.

— Dans les principes. C'est une question de principe. Et de solidarité entre femmes.

Perplexe, Gisèle répéta en écho :

— De solidarité entre femmes ? Je ne sais pas de quoi tu parles. Je ne vois pas le rapport…

— Je me rends parfaitement compte que tu ne vois pas le rapport, prisonnière que tu es toujours de ta culture phallocentrique et de schémas primaires que tu n'as pas le courage de remettre en question.

Gisèle faillit se fâcher. Roulé en boule dans son panier, Katicha le sentit, à cause d'une brusque tension du corps de sa maîtresse, mal assise sur le bord d'un sofa qui faisait face à un fauteuil dont Jane s'était levée pour faire les cent pas, tout en vociférant. Gisèle regarda avec inquiétude le visage crispé de son amie, évalua les chances d'une escalade verbale, et se décida en faveur de l'apaisement.

— Qu'est-ce qui se passe, Jane ? lui demanda-t-elle sur un ton neutre, comprenant que cette attaque n'était qu'un piètre moyen de défense. Qu'est-ce que tu me caches ? Et comme elle n'obtenait pas de réponse, elle ajouta : De quoi as-tu peur ?

La réaction à ce qui fut perçu comme un comportement néo-paternaliste ne se fit pas attendre.

— Peur ? moi ? peur ? Arrête de projeter, s'il te plaît… Je n'ai peur de rien ni de personne. Je fais attention, voilà tout. Je suis engagée dans le combat pour l'égalité des chances. Et contrairement à toi, je sais de quel côté je suis.

— Tu es injuste… se défendit Gisèle.

— Injuste, vraiment ? ironisa Jane. C'est assez comique venant de quelqu'un qui n'hésiterait pas un instant à trahir mille Ashley Brown pour obtenir un quart de sourire de… d'un laquais de l'État français.

— Jane ! protesta Gisèle, froissée. Comment peux-tu dire une chose pareille ? N'ai-je pas contribué tout autant que toi à sa campagne de protection de l'île ? N'ai-je pas acheté des tee-shirts…

— Que je ne t'ai jamais vue porter, soit dit en passant, coupa Jane avec un soupçon de sarcasme.

— Qu'est-ce que… Tu m'as toujours dit qu'il y avait diverses façons de militer et pour moi porter un tee-shirt… Elle s'interrompit, reprit son souffle et dit plus posément : Mais nous nous égarons. Dis-moi plutôt ce qu'Ashley Brown vient faire dans cette histoire.

— Rien.

Le mot fut lâché avec une rage contenue. Katicha battit impatiemment de la queue. Gisèle fronça les sourcils.

— Tu ne l'as pas revue depuis… depuis la dernière fois, au moins ?

À ces mots, Jane, qui s'était arrêtée près de la fenêtre, fit une brusque volte-face et laissa tomber :

— Tu sais quoi, Gisèle ? Je ne suis pas faite pour le troisième degré. L'air est irrespirable, ici. Je vais faire un tour. Ne m'attends pas.

Et sans donner à son amie le temps de réagir, Jane se précipita dans l'entrée, saisit au vol une veste et sortit de la Villa Alexis en claquant violemment la porte, ce qui fit s'entrouvrir une fenêtre contiguë et mal fermée, sous le choc.

Katicha sursauta dans son panier. Exaspéré, il s'en alla trouver refuge dans une petite alcôve, où il avait précédemment repéré une activité suspecte, mais qui paraissait maintenant parfaitement tranquille.

Gisèle attendit quelques minutes, se dirigea vers le téléphone le plus proche et composa un numéro qu'il lui avait pourtant été interdit de faire.

— Allô, Richard ? Je suis désolée de vous déranger si tard mais je suis inquiète pour Jane…

***

Penché sur une fiche qui devait rendre compte succinctement mais de manière exhaustive de ses conclusions sur une tête d'argile datant du IVe siècle avant J.-C., Jun Tanaki entendit le bruit sec que fit la porte de la maison voisine et nota la précipitation des pas qui s'éloignaient dans la rue. Il jeta un coup d'œil sur le cadran de sa montre. 23 h 37. Un instant, il songea à aller vérifier dans le miroir de la salle de bains si son visage reflétait la mortelle lassitude contre laquelle il avait lutté toute la soirée. Repoussant cette tentation, il se replongea dans le travail, à la place qu'avait longtemps occupée Grace Frick, en face du bureau où Marguerite Yourcenar avait écrit la majeure partie de ses œuvres.

Les pas de Jane O'Flynn furent aussi entendus par Dorothée Brown, étendue dans son lit, dans l'ombre dense de sa chambre, et troublèrent un instant l'ordre de ses ardentes prières. Ils ne réveillèrent pas, en revanche, le révérend George Simpson, béatement oublieux des soucis de ce monde, blotti au creux de rêves réparateurs.

S'ils passèrent inaperçus des membres de la famille Walker, ils furent enregistrés avec intérêt par Eleonore Hunt qui, encore habillée, se demandait s'il valait mieux prendre une double dose de *Nux vomica* pour forcer la venue d'un sommeil qui la fuyait ou continuer à fixer désespérément les pages blanches qu'elle essayait vainement de recouvrir de signes depuis plusieurs semaines. Tout ce qu'on avait écrit sur la difficulté à produire un second ouvrage après un trop grand succès du premier était vrai, en ce qui la concernait. Toute distraction à son blocage était la bienvenue ! Elle bondit vers la fenêtre et reconnut la silhouette de sa voisine, qui se dirigeait dans la nuit claire vers l'immensité grise de l'océan. Impulsivement, sans prendre le temps d'éteindre la lampe qui répandait son cône de lumière crue, comme un reproche, sur le travail inaccompli, Eleonore dévala les escaliers, décrocha une vieille veste d'une patère et sortit sans faire de bruit. Elle s'apprêtait à suivre Jane, dont elle n'apercevait, de loin, que le dos, quand soudain elle fut happée par deux mains sorties comme par enchantement d'indistinctes ténèbres.

11

À Paris, l'inspecteur Djemani s'était levée de bonne heure, après une nuit de repos relatif, le quartier de la gare de Lyon n'étant pas des plus calmes au mois d'août à cause et des touristes et des nombreux travaux de voirie. Par la porte-fenêtre grande ouverte en raison d'une chaleur caniculaire qui faisait fondre le goudron des rues, montèrent les accents sonores d'une violente dispute entre deux individus éméchés, qui accusaient mutuellement leurs mères respectives des pires turpitudes. Avec un soupir d'exaspération, Leila Djemani passa en hâte une djellaba brodée, alla fermer la fenêtre qui donnait sur un minuscule balcon, et tira à demi les doubles rideaux pour se protéger de la lumière déjà éblouissante du soleil levant. Il allait faire chaud.

Elle vint se rasseoir sur le canapé-lit, une première tasse de café à la main, repoussa en arrière ses lourds cheveux noirs et regarda machinalement autour d'elle. Le coin cuisine était en désordre et la porte de la petite salle de bains était ouverte sur ce qui semblait être un inextricable fouillis. Mais les livres étaient sagement rangés sur les étagères de pin clair et la table ronde, entourée de ses chaises, avait été désencombrée par un ménage de dernière minute. Ces vingt-huit mètres carrés, perchés au cinquième étage d'un immeuble sans ascenseur, étaient ce qu'elle appelait chez elle. Posée sur le tapis aux arabesques rouges et jaunes qui recouvrait la majeure partie du plancher, une liasse de feuilles imprimées, sorties la veille du fichier informatique du Quai des Orfèvres, se rappela à son attention.

Leila Djemani relut rapidement les notes qu'elle avait prises dans le but de terminer le rapport qu'elle devait télécopier au commissaire Foucheroux en fin de matinée. Elle n'avait encore qu'une image imprécise de la victime, dont le corps se trouvait à l'heure qu'il était dans une morgue étrangère, en dépit des nombreux clichés d'Adrien Lampereur qu'elle avait rassemblés et étudiés soigneusement. Une sorte de montage s'était imposé à elle à la fin de sa journée de recherches. La photographie d'un petit garçon rêveur devant les étoiles artificielles d'un planétarium, juxtaposée à celle d'un jeune homme au sourire moqueur, qui semblait figé dans l'acte de réciter des vers qu'il abominait, puis une photo de groupe où, à peine plus âgé, il se trouvait à droite du rédacteur de *L'Univers,* et une autre, où il était debout à côté d'un être d'une exceptionnelle beauté, qu'on aurait pu prendre pour une jeune fille aux cheveux courts, avant de lire au verso : « Antoine. Etna. » Une dernière enfin, plus récente, datant du jour où Adrien Lampereur avait annoncé à grand fracas sa mainmise sur un studio de cinéma. Leila Djemani ne savait que penser du cliché en noir et blanc sur lequel on voyait Adrien Lampereur, apparemment effondré, la tête entre les mains, assis seul sur le pont d'un bateau qui remontait le Nil.

Elle avait, en plus, à sa disposition, tous les documents qui retraçaient sa brillante carrière de journaliste, depuis son premier reportage sur les terrains minés d'une bataille particulièrement atroce entre deux ethnies de l'Afrique de l'Ouest, jusqu'à l'entretien du mois précédent, au cours duquel il avait annoncé à la fois son intention d'aller lui-même enquêter sur ce qu'il avait appelé par dérision « la guerre des homards » aux États-Unis, sa décision de se retirer, quand il rentrerait, dans sa villa velleronaise, et sa détermination d'imposer son assistant, Marc Lemercier, comme successeur à son poste de rédacteur en chef de *L'Univers*.

— Ça ne vous manquera pas trop de ne plus courir le monde ? lui avait demandé suavement le jeune journaliste qui n'en était pas à un truisme près.

Adrien Lampereur avait répondu par une citation fort spirituelle de Marguerite Yourcenar sur le déplacement, que personne n'avait réussi à identifier, pour la bonne raison qu'il l'avait inventée instantanément, pour les besoins de la cause, ainsi que l'indiquait la note rageuse, suivie de trois points de suspension, en marge du script de l'interview.

Il y avait enfin les documents privés, en particulier un album où avaient été conservés pêle-mêle les photographies de son mariage avec Sabine Jantard, nièce du propriétaire de *L'Univers,* décédée dans des circonstances restées mystérieuses dix ans auparavant, un entrefilet sur la mort accidentelle d'un jeune étudiant en Égypte, et plusieurs croquis représentant le beau profil d'une femme à l'âge incertain.

Leila Djemani se demanda ce que Jean-Pierre Foucheroux allait tirer de ces informations disséminées, comment il allait arriver à faire s'emboîter les fragments du puzzle qu'est toujours plus ou moins une vie humaine. Il y arriverait, sans nul doute. Elle avait une confiance illimitée en ses facultés de raisonnement, tempérées par ses propres intuitions. Dans l'équipe qu'ils formaient, le succès venait d'une répartition bien comprise des tâches. Mais d'habitude, c'est ensemble qu'ils menaient à leur terme les délicates opérations de l'esprit qui leur permettaient d'arriver à la bonne conclusion. À l'heure actuelle, six mille kilomètres d'océan les séparaient. « Il doit avoir de bonnes raisons s'il n'a pas immédiatement requis ma présence sur place », se répéta-t-elle une fois de plus. Il rendait service à un vieil ami, lui avait-il précisé au téléphone. Elle n'avait pas pu complètement maîtriser un petit pincement de dépit qu'il avait feint de ne pas remarquer dans la brièveté de ses réponses et il avait conclu la conversation avec une pirouette : « Je compte sur vous, de loin. »

Mais il y avait autre chose. Elle était sûre qu'il y avait autre chose. Ce policier américain n'aurait certainement pas fait d'objection à ce qu'un commissaire exige la présence de son inspecteur. En fait, c'était la procédure normale, même dans le cadre d'une enquête non officielle. Alors ? Leila se leva pour aller se verser une seconde tasse de café et beurra machinalement une biscotte qui se brisa en immangeables petits morceaux. « C'est peut-être mon anglais », continua-t-elle à spéculer. Et elle regretta une fois de plus de n'avoir pas excellé, durant ses années de lycée, dans l'apprentissage des deux langues étrangères qu'elle avait choisies un peu au hasard. Son anglais était légèrement supérieur à son espagnol mais il était loin d'être *fluent* – le mot lui vint spontanément – comme aurait dit son supérieur hiérarchique. Mais lui avait eu une nurse anglaise, avait passé tous ses étés au pays de Galles depuis son plus jeune âge, et fait de nombreux séjours en Amérique. Elle, en revanche, n'était bilingue que du bilinguisme des défavorisés… Peut-être n'avait-il tout simplement plus besoin d'elle, de tous les liens tissés au fil de longues heures de travail, des plaisanteries bienveillantes sur son handicap physique à lui et ses cicatrices intérieures à elle, des bonds et des rebonds de leurs deux intelligences conjuguées… L'idée l'effleura de demander audience au grand patron… Mais Charles Vauzelle était le parrain de Jean-Pierre Foucheroux et interpréterait sans doute mal sa démarche. Sans parler de ce que chuchoteraient certains de leurs collègues si le moindre bruit de désaccord se répandait. Car leurs succès répétés avaient fait des envieux. Non, il valait mieux exécuter impeccablement le travail de fourmi qui lui avait été cette fois dévolu et engranger un maximum d'informations sur la victime pour faire avancer au plus vite l'enquête. Elle possédait un certain nombre d'éléments concernant le protégé d'Adrien Lampereur. Marc Lemercier avait accumulé un beau palmarès : agrégation d'histoire, diplôme de Sciences politiques, champion au fleuret pour l'Île-de-France... Apparemment, Adrien Lampereur avait suivi les progrès de son héritier spirituel avec attention, d'année en année. L'inspecteur Djemani décida de rendre visite au jeune homme pour avoir un portrait du journaliste assassiné par la voix d'un être qui l'avait, présumait-elle, bien connu. Parfois un témoignage direct valait mieux que mille fiches mises bout à bout pour éclairer la personnalité d'un disparu. Et elle transmettrait le résultat de cette entrevue par télécopie au commissaire Foucheroux, qui lui avait dit et répété que c'est dans le passé des individus que se cache toujours le secret de leur mort violente.

Cette décision toute professionnelle prise, Leila Djemani releva ses cheveux moites et se dirigea vers la salle de bains pour se préparer à une longue journée avec une douche, dont la température et la densité variaient chaque matin en fonction du nombre de mètre cubes d'eau déjà utilisés par les autres locataires de l'immeuble.

12

Quelques heures plus tard, le même soleil se levait dans toute sa gloire sur les dix-sept montagnes de l'île des Monts-Déserts et dorait leurs cimes d'un éclat irisé qui les transformait, pour quelques secondes, en autant de scintillants miroirs. Jeff Walker, occupé à surveiller les bouées qui marquaient l'emplacement de ses casiers à homards, salua le jour nouveau d'une muette action de grâce. Pour lui, la beauté du monde égalait généralement sa laideur mais ce matin-là, la splendeur marine du paysage l'emportait largement sur les vilenies des êtres humains laissés à terre. Peut-être la pêche allait-elle être bonne... Peut-être arriverait-il finalement à prendre la décision dont il avait trop longtemps reculé l'échéance... Peut-être devrait-il rendre visite à Jack Griffith pour tâter le terrain... Il vit passer, dans l'eau transparente, à quelques centimètres de son bateau, un banc de soles qui filaient à toute allure vers le grand large avec une insouciance qu'il leur envia. Une illusion d'optique lui fit brièvement entrevoir un visage de femme aux cheveux emperlés dans leur sillage.

***

Eleonore Hunt se réveilla avec une douleur lancinante du côté gauche. Ses doigts touchèrent maladroitement la bosse qui ornait son crâne et une petite grimace de douleur déforma ses traits réguliers, que quelques heures de sommeil n'avaient pas réussi à reposer. À cinquante ans, les nuits incomplètes laissent de cruelles traces, ainsi qu'elle le constata dans le miroir ovale qui réfléchit impitoyablement son image au moment où elle se redressa sur son lit. Après avoir jeté un coup d'œil sur le cadran de la pendulette posée sur sa table de nuit, elle reposa avec précaution sa tête sur un oreiller aux dentelles froissées et referma les yeux en essayant de remettre un peu d'ordre dans son esprit confus. Pas de doute, elle avait été attaquée devant chez elle alors qu'elle tentait de suivre Jane O'Flynn. Par pure curiosité, elle devait l'admettre. Quelqu'un l'avait frappée par-derrière et laissée pour morte au bord du chemin jusqu'à ce qu'elle reprenne ses esprits. Elle comprenait maintenant le sens de l'expression « voir trente-six chandelles », car la force du coup asséné avait provoqué l'apparition soudaine et douloureuse de petits points clignotants devant ses yeux avant qu'elle sombre dans un trou noir. Pas très longtemps sans doute, car elle avait l'impression d'avoir vu presque aussitôt après le visage anxieux de Jun Tanaki tout près du sien.

— Eleonore… Ça va ? avait-il demandé avec quelque chose qui ressemblait à de l'affolement dans la voix tout en l'aidant à se relever.

— Je… J'étais… Je suivais… balbutia-t-elle avec difficulté en s'appuyant sur son bras.

— Jane O'Flynn, compléta-t-il. Je l'ai entendue sortir. Mais qu'est-ce qui vous a…

À ce moment précis, Eléonore Hunt fut saisie par une vague de nausée qui la fit chanceler.

— Je devrais vous emmener à l'hôpital, commença le Japonais de sa voix un peu chantante.

— Non… Quelqu'un m'a agressée, dit-elle sans croire à la réalité que recouvraient ses paroles. J'ai vécu toute ma vie en ville sans qu'il m'arrive quoi que ce soit et je me fais attaquer devant chez moi, dans un village de quelques centaines d'habitants ! continua-t-elle avec une incrédulité teintée d'une vague colère.

— Vous avez vu qui... interrogea Jun, en la soutenant pour l'aider à regagner le porche de sa maison.

— Non, je n'ai vu personne, chuchota-t-elle. C'était comme dans un de ces cauchemars où on a l'impression de tomber dans le vide.

Elle s'interrompit car ils étaient arrivés devant sa porte.

— Merci, Jun. Ça va aller.

— Vous êtes sûre que vous ne voulez pas aller à l'hôpital ? Un traumatisme peut avoir des conséquences graves, insista-t-il. Surtout dans votre état...

— Sûre.

— Vous voulez que je vous fasse du thé ? Vous avez eu un choc...

Eleonore frissonna dans l'air tiède de la nuit faiblement étoilée. Ils entendirent des miaulements qui semblaient venir de l'autre côté de la baie.

— Non, merci, je vais me coucher. Et, ajouta-t-elle en lui serrant légèrement le bras, je préférerais que tout ceci reste entre nous, comme... comme le reste.

— Vous n'allez pas prévenir les autorités ?

— Non, laissa-t-elle tomber avec une surprenante fermeté.

Jun secoua la tête de droite à gauche en signe de désapprobation.

— Vous vous mettez inutilement en danger, fit-il remarquer.

— Pas plus que vous, avait-elle rétorqué avec une sécheresse qu'elle avait aussitôt regrettée et compensée par une rapide caresse sur une joue qui s'était dérobée. Bonsoir, Jun, à demain, lui avait-elle dit juste avant de refermer la porte.

Demain. Aujourd'hui. Eleonore rouvrit les yeux sur l'ordre coutumier de sa chambre où tous les objets semblaient parfaitement à leur place, jusqu'aux vêtements de la veille pliés sur leur chaise habituelle. Rassurée par ces marques évidentes de contrôle, Eleonore décida d'ignorer sa migraine et de se lever comme si rien ne s'était passé. À peine eut-elle posé un pied par terre qu'elle fut prise d'un vertige qui fit tournoyer autour d'elle les murs bleus, la porte blanche et la fenêtre entrouverte de sa chambre dans une danse infernale, qui ne prit fin que de longues minutes plus tard, après qu'elle se fut tant bien que mal recouchée et repliée dans la position du fœtus.

⁂

En dépit des comprimés qu'il avait pris, Jean-Pierre Foucheroux s'était réveillé aux premières lueurs du jour, non point tant à cause des effets pernicieux du décalage horaire que parce que son genou le faisait souffrir. Il avait fini par se faire à l'idée qu'il ne se sentirait plus jamais comme « avant », qu'il serait jusqu'à sa mort un être diminué par une perte infiniment plus douloureuse que celle qu'avait entraînée le mauvais fonctionnement de l'articulation médiane de sa jambe gauche. Peut-être une opération de plus le soulagerait-elle pour quelque temps, mais aucune opération ne lui rendrait Clotilde, aucun chirurgien ne pourrait réparer la blessure mortelle qu'il s'était à lui-même infligée en tuant sa femme dans cet accident de voiture. Il avait laissé peu de choses et un nombre encore plus restreint de personnes lui offrir la moindre consolation. Une collègue, son métier – encore qu'il se soit maintes fois demandé s'il ne serait pas plus honnête de donner sa démission, surtout après « l'Affaire Proust », dans laquelle Gisèle Dambert aurait, elle aussi, trouvé la mort, si Leila Djemani ne s'était pas substituée à lui avec un esprit d'initiative qui l'avait stupéfait –, quelques livres, son parrain, sa plus jeune sœur et Andy l'avaient aidé, forcé, à accepter que se fasse en lui le patient travail de l'oubli.

À travers les rideaux mal joints se faufilait une lumière rosâtre qui annonçait indubitablement une belle journée. Jean-Pierre Foucheroux décida d'attendre que se manifestent les premiers bruits indiquant que ses hôtes étaient debout avant de bouger lui-même et reprit la passionnante lecture de l'*Histoire de l'Île des Monts-Déserts*, par Samuel Eliot Morison, à l'endroit précis où il s'était arrêté quelques heures auparavant. Mais son esprit vagabonda de manière incontrôlable et il se surprit à se demander quand il aurait des nouvelles de son inspecteur et quel prétexte il pourrait bien inventer pour voir Gisèle Dambert, seule, dès que possible.

⁂

Gisèle était littéralement malade d'inquiétude car elle venait de vérifier que le lit de Jane n'avait pas été défait. Elle n'était pas rentrée de la nuit... La conversation téléphonique qu'elle avait eue avec l'ex-mari de son amie l'ayant un peu rassurée, Gisèle s'était préparée pour la nuit et avait dormi d'une oreille, à l'écoute involontaire du retour de Jane, à qui elle en voulait de s'être comportée de façon si puérile. En vérité, cette conduite de fuite ne lui ressemblait guère. Elle avait toujours fait face. Le jour où on lui avait refusé une promotion qu'elle méritait, au moment où les critiques s'étaient acharnés sur elle à cause des implications de son article « D'Emma Bovary à Anne Desbaresdes : pourquoi les Françaises s'ennuient au lit », le soir où Richard, exaspéré, avait fait pour de bon ses valises... Jane était une battante, une lutteuse... Elle avait le courage de ses convictions et sous ses dehors agressifs qui pouvaient irriter parfois, c'était une femme de cœur d'une grande générosité et d'une exceptionnelle intelligence. Elle avait appris à

Gisèle qu'être l'amie de quelqu'un voulait dire d'abord laisser voir ses vulnérabilités, dévoiler ses vraies couleurs, sans risques. « Accepter l'autre avec tous ses paradoxes, dans un échange permanent et sans exclusivité », avait-elle expliqué avec sérieux au tout début de leur relation. Et elle s'était lancée dans un long historique de la notion d'amitié de l'Antiquité à nos jours en démontrant avec hargne et pertinence les biais des textes masculins et l'occultation des écrits féminins sur le sujet. Mais du moins faisait-elle coïncider théorie et pratique : bien qu'elle soit allergique aux poils de chat, elle avait accepté celui de Gisèle « avec tous ses paradoxes, dans un échange permanent et sans exclusivité ».

Katicha n'était pas dans la chambre. Il avait dû descendre se planter devant la porte du réfrigérateur et allait sûrement d'une seconde à l'autre faire entendre trois ou quatre miaulements discrets qui deviendraient rapidement persistants si elle ne lui ouvrait pas bien vite sa boîte quotidienne de thon aux crevettes. Il la gratifierait sans doute d'un bref ronronnement de remerciement au début du festin et l'ignorerait complètement après, jusqu'à ce qu'il ait terminé la toilette exhaustive qui faisait suite, tous les matins, à ses agapes.

Les pas légers de la jeune femme sur les marches troublèrent à peine le silence insolite de la maison. Il n'y avait pas ombre de vie dans la cuisine. Le bruit strident du moulin à café suffisant d'habitude à irriter les oreilles délicates de Katicha, Gisèle ne s'inquiéta pas outre mesure de son absence. Celle de Jane la préoccupait davantage… Où avait-elle bien pu passer la nuit ?

Ce n'était pas comme si elle connaissait intimement beaucoup de monde. Elle avait eu assez de mal à louer la villa des Haworth Charles pour l'été. « Une base idéale de travail », avait-elle dit avec enthousiasme l'hiver précédent. « Quand on en aura assez de lire et d'écrire, on ira faire de grandes balades ou se baigner... Bien entendu, on prendra une femme de ménage. Tu pourras finir ton anthologie et moi mes recherches sur les Indiennes abenakis. Et si tu veux emmener Katicha... Si c'est absolument nécessaire », avait-elle rajouté sans arriver à complètement masquer l'espoir d'une dénégation qui n'était pas venue.

Katicha s'était montré prudent au départ mais avait rapidement pris possession d'un territoire dont les odeurs différentes, les bruits nouveaux l'avaient intéressé au plus haut point, le mettant en contact direct, pour la première fois de sa vie, avec toutes sortes de petites bêtes à poil et à plume dont il ignorait l'existence, ayant vécu jusque-là dans deux appartements parisiens et une maison sans jardin à Boston. « Je te parie que ton chat des villes va se transformer en chat des champs », avait plaisanté Jane à leur arrivée, en voyant Katicha fondre sur un scarabée qui avait esquissé une hâtive retraite en direction d'une bordure de capucines.

Tout à coup des papillons d'angoisse s'installèrent au creux de l'estomac de Gisèle. Frénétiquement, elle chercha dans tous les coins et recoins de la Villa Alexis, appelant « Katicha » sur tous les tons, en sachant fort bien qu'il n'était pas dans la maison. Elle fit ensuite, systématiquement, le tour du jardin, scruta les arbres, écarta les branches des buissons. En vain. Le chat avait disparu... Sans doute avait-il profité de la sortie impromptue de Jane, au beau milieu de la nuit, pour se couler dehors, ni vu ni connu... Et dans l'état d'agitation qui était le sien, Gisèle n'avait rien remarqué. Jamais au grand jamais Katicha n'était parti plus d'une heure ou deux... Et ça en faisait au moins sept... Gisèle l'imagina successivement écrasé, noyé, kidnappé... Aussitôt l'image de Jane écrasée, noyée, kidnappée se superposa dans son esprit à celle de Katicha... La seule action possible s'imposa à elle comme une évidence. Elle allait demander de l'aide au commissaire Foucheroux. Au moment où elle composait, comme une automate, le numéro de téléphone du capitaine Bradford, la silhouette penaude de Jane apparut dans l'allée, juste devant la porte de l'entrée que Gisèle, dans sa précipitation, avait laissée grande ouverte.

13

Jean-Pierre Foucheroux achevait avec satisfaction un petit déjeuner traditionnel dans cette partie des États-Unis : jus d'orange, jambon fumé, crêpes généreusement arrosées de sirop d'érable et café sans grand danger pour les cœurs – et les estomacs – européens habitués au goût plus corsé de l'espresso. Ralph Bradford l'avait entretenu avec une compétente éloquence des sept villages de l'île des Monts-Déserts et lui parlait maintenant des difficultés qu'il y avait à choisir un remplaçant pour le révérend George Simpson.

— La congrégation ne peut tout simplement pas se mettre d'accord, soupira-t-il. Nous avons d'abord entendu une jeune femme fort passionnée par la nécessité d'un langage inclusif dans les hymnes et en référence à Dieu « Notre Mère à tous/toutes ». Puis on a eu un grand barbu frais sorti d'une séance californienne du Séminaire de Jésus, qui a prétendu savoir ce qui était authentique et ce qui ne l'était pas dans le *Notre Père*. On attend ce dimanche une missionnaire à peine revenue de la Jamaïque, qui insiste, paraît-il, pour remplacer la musique d'orgue par des guitares électriques et des tambourins… Enfin, celle-ci assurerait au moins la continuité des efforts de George Simpson concernant les droits des peuples indigènes…

— Il est engagé dans cette cause ? demanda Jean-Pierre Foucheroux, tout en beurrant un dernier toast.

— Très engagé. Il a lancé un appel en faveur de nos « Cousins dans le besoin » qui a rapporté une coquette somme, si j'ai bien compris. Il fait depuis des années des recherches sur les Indiens de la région refoulés à l'ouest du Mississippi ou au Québec entre 1830 et 1840 et il vient de conclure que certaines parties de l'île devraient légalement revenir à leurs descendants, dont certains appartiennent au groupe « Sauvez notre île ». Vous imaginez les réticences, pour ne pas dire le ressentiment…

— Vous croyez qu'Adrien Lampereur était au courant de tout ça ? s'enquit Jean-Pierre Foucheroux.

Le capitaine Bradford baissa les yeux et dit tout en flattant le pelage de Valentine allongée à ses pieds, les oreilles aplaties et les yeux fermés par le plaisir :

— Je le suppose. En tout cas, il a entendu la version d'Ashley Brown, car je les ai vus dans les jardins d'Asticou au milieu d'une discussion assez animée. Elle lui montrait quelque chose du doigt en tapant du pied par terre. Mais tout le monde sait qu'elle est soupe au lait. Elle a des excuses, avec Willy…

— Les jardins d'Asticou, c'est là où on a retrouvé le cadavre d'une touriste bostonienne il y a quelques années, dit Andy qui venait d'entrer dans la pièce aux baies vitrées qui servait d'informelle salle à manger. Bien dormi ? demanda-t-il aux deux autres.

Soudain, la combinaison des odeurs du café et de l'air iodé, du bruit des vagues qui se brisaient au pied de la maison, la vue de la volute de fumée bleue qui montait de la pipe de son oncle le ramenèrent des années en arrière, quand toute la famille était réunie autour de la même table, en train d'essayer de réconcilier les plans d'une journée de vacances que chacun souhaitait différente. « On va au phare de l'île du Boulanger », se rappelait-il avoir maintes fois proposé. « Non, non, on va au Trou du Tonnerre », contrait inlassablement la petite Elizabeth. « Pourquoi pas au musée Abbe à Sieur de Monts, pour une fois ? » plaidait sa mère… Il dissimula son émotion en se grattant la gorge et en se lançant dans un commentaire inattendu sur les jardins de l'île.

— Asticou – c'est le nom du chef de la tribu des Penobscot à propos – est un jardin d'azalées sous influence japonaise. Il a été conçu par Charles Savage dans les années cinquante. Rien à voir avec les jardins Rockefeller, tout en hauteur et plus grandioses… Ni avec celui de Petite Plaisance, privé et raison de notre présence ici.

— Assieds-toi, Andy, et prends le temps de déjeuner convenablement, intervint son oncle. Tu n'as changé…

— Si, justement, j'ai changé, coupa Andrew avec un agacement visible. Et se tournant vers Jean-Pierre Foucheroux : J'ai pensé qu'on devrait interroger autant de personnes que possible aujourd'hui, à commencer par Eleonore Hunt. Revoir Jun Tanaki. Il fit une pause, le temps d'étaler une mince couche de marmelade d'orange sur un toast refroidi. Parler aux Walker, peut-être rendre visite à Ashley Brown sur son île.

À ce point du programme proposé, la sonnerie intrusive du téléphone retentit dans l'entrée.

— Tu veux bien aller répondre, Andy ? lui demanda son oncle avec une courtoisie un peu pincée.

— C'est peut-être la France, dit Jean-Pierre Foucheroux pour alléger la tension.

Mais quelques secondes plus tard, Andrew revenait, l'air goguenard, en disant :

— C'est pour toi. Mlle Dambert.

— Vraiment ? fit Jean-Pierre Foucheroux en se levant avec une certaine raideur et une once d'étonnement dans le regard.

Par la porte laissée grande ouverte, le capitaine Bradford et son neveu entendirent les fragments d'une conversation tronquée à la suite d'un « allô » un peu sec.

……………

— Mais pas du tout, pas du tout.

Un assez long silence suivit.
— Quand ?
....
— Et vous ne l'avez pas vu depuis ?
....
— Mais non, mais non. Ne vous inquiétez pas ainsi. C'est la première fois que ça arrive ?
....
— Malheureusement, je ne pense pas qu'il y ait de procédure particulière dans ce cas. D'habitude on attend quarante-huit heures.
....
— Je comprends, je comprends…
....
— Oui. Je pourrais, euh, passer.
....
— Entendu. Le temps de prévenir…
....
— Je vous en prie.

Quelques instants s'écoulèrent avant que Jean-Pierre Foucheroux rejoigne les deux autres.

— La féministe s'est perdue ? demanda Andrew sur un ton plein d'espoir.

— Pas exactement, lui répondit son ami en tortillant le col de sa chemise à rayures.

— Qu'est-ce qui se passe alors ?

— C'est… c'est le chat de Mlle Dambert. Il a disparu la nuit dernière.

Après avoir failli s'étrangler avec la gorgée de liquide qu'il était en train d'avaler, Andy partit d'un énorme éclat de rire qui le fit se tordre sur sa chaise et amena des larmes au bord de ses paupières. Entre deux accès de fou rire, il hoqueta :

— On a le meurtre d'une célébrité de la presse internationale à résoudre… Ma carrière est sur le point d'être ruinée et toi… Mlle Dambert t'appelle au secours parce qu'elle a perdu… son chat… Excuse-moi, c'est trop drôle…

Il essaya vainement de reprendre un contrôle de lui-même qui ne lui échappait que fort rarement. Son oncle et son ami le regardèrent avec une compassion qui transforma immédiatement son hilarité en colère.

— Peut-être vaudrait-il mieux que le gouvernement français envoie quelqu'un d'autre, et en mission officielle, suggéra-t-il avec un sérieux retrouvé et cinglant.

Jean-Pierre Foucheroux ignora ses paroles et dit à l'adresse du capitaine Bradford :

— Merci pour cet excellent petit déjeuner. Pardonnez-moi de devoir vous quitter si brusquement. Je serai de retour dans une heure.

Il allait discrètement fermer la porte d'entrée quand il entendit le vieil homme demander sur un ton précautionneux qui dissimulait mal une grande inquiétude :

— Qu'est-ce que c'est, Andy, que cette histoire de carrière ruinée ? À ton âge…

Jean-Pierre Foucheroux emprunta le chemin que son hôte avait suivi le jour précédent, passa devant l'église et tourna à droite en direction de la Villa Alexis où Gisèle guettait son arrivée de la fenêtre du salon. Dès qu'elle vit se profiler au bout de la rue sa silhouette à la démarche inégale, qu'elle trouvait infiniment touchante, elle sortit pour aller à sa rencontre un doigt sur les lèvres en signe de secrète complicité.

— Jane dort encore, lui dit-elle pour expliquer ces précautions. Ça ne vous ennuie pas qu'on marche un peu ?

— Pas du tout, mentit-il, tout en constatant à quel point elle avait le visage défait.

On aurait presque dit une vieille femme dans la lumière crue du matin qui accentuait de vilains cernes sous ses yeux, de minuscules rides aux coins de sa bouche et le négligé de sa tenue – une jupe à fleurs trop longue, un chemisier mal boutonné et des sandales qui avaient connu de meilleurs jours. Brusquement, il se réjouit de ce qu'Andy ne puisse pas la voir dans cet état et s'en voulut immédiatement de cette pensée.

Ils passèrent devant Petite Plaisance et la maison des Walker puis laissèrent derrière eux celle d'Eleonore Hunt pour suivre la route sinueuse qui longe la baie de Somes.

« Mademoiselle Dambert... », commença le commissaire Foucheroux au moment précis où elle se lançait dans un « Je suis désolée... »

Ils s'interrompirent ensemble, conscients des risques de malentendu. Il lui sourit et elle reprit :

— Je suis désolée de vous avoir appelé... Je n'aurais peut-être pas dû... Vous devez penser...

— Je ne pense rien, lui dit-il avec douceur. Votre chat a disparu. Vous croyez que ça peut avoir un rapport avec le crime qui a été commis dans la résidence voisine de la vôtre. Je suis à votre disposition pour vous écouter, mademoiselle Dambert.

Elle le regarda avec gratitude.

— Gisèle, murmura-t-elle comme malgré elle.

Il pensa aussitôt à un ouvrage d'anthropologie dont il avait oublié le titre mais dans lequel un chercheur expliquait que dans certaines tribus primitives dire son nom était concéder à celui qui le connaissait tout pouvoir sur sa personne.

Gisèle se méprit sur son silence, l'interpréta incorrectement et se rétracta aussitôt.

— Pardonnez-moi. Je suis dans une si grande confusion. Il vaut mieux rester plus formels, sans doute.

— Pour le moment, oui, vous avez raison, acquiesça-t-il, à sa grande déception. Dites-moi dans quelles circonstances exactement votre chat...

— Katicha, dit-elle, en chassant quelques aiguilles de pin qui avaient atterri sur ses cheveux tordus en un inélégant chignon.

— Katicha a disparu, acheva-t-il sans se troubler. Quand avez-vous constaté son absence ?

— Vous devez penser que je suis ridicule, biaisa-t-elle en rougissant. Que je fais un drame pour rien, que ce n'est qu'un chat. Mais pour moi, c'est plus qu'un chat... c'est non seulement une présence, c'est mon seul lien avec... avec la France.

Elle se troubla, consciente d'être incohérente, et devint attentive au ralentissement dans l'allure de son compagnon. Elle finit par dire :

— Je l'ai vu pour la dernière fois dans le salon vers minuit, hier soir. Ce matin, en me réveillant, je ne l'ai trouvé nulle part. D'habitude il dort sous mon lit.

— Il était quelle heure ?

— Presque six heures.

— Et comment s'est-il échappé, à votre avis ? Vous aviez laissé une porte ouverte ? Une fenêtre ?

Gisèle contempla à travers une trouée dans les arbres les vagues qui dansaient en vastes tourbillons qui lui donnèrent mal au cœur avant d'avouer :

— Je crois qu'il s'est enfui au moment où Jane est sortie faire une promenade, vers minuit.

— Et elle ne l'a pas vu ?

— Non. Elle dit que non.

— Et quand est-elle rentrée ? poursuivit-il.

Gisèle baissa misérablement la tête et se prépara à l'ultime trahison.

— Ce matin, chuchota-t-elle à voix si basse qu'il crut avoir mal entendu.

— Vous ne savez pas où elle a passé la nuit ?

— Non, je... Écoutez, je veux que vous compreniez que je vous dis tout cela en confidence. Je ne vous aurais jamais dérangé si je n'avais pas le sentiment que quelque chose est arrivé à Katicha.

— Il n'y a aucune loi qui empêche quiconque de dormir ailleurs que chez soi, essaya-t-il de la rassurer. Ou un chat...

Mais cette tentative humoristique n'eut pas l'effet désiré. Gisèle s'arrêta, secoua la tête et dit d'une voix suraiguë :

— Il est en danger. Je sais qu'il est en danger…

— Je vais faire tout mon possible, lui assura-t-il à nouveau, bien qu'il soit saisi d'un brusque sentiment d'absurdité devant l'ensemble de la situation.

Andy n'avait pas tort. Elle était ridicule. Ce n'était qu'un chat.

Comme si elle lisait dans ses pensées, Gisèle lui posa la main sur le bras et dit avec un louable effort pour maîtriser ses émotions :

— Ne me mettez pas dans la catégorie des vieilles filles à chat ou des mémères à chien. Ne jugez pas les gens seuls pour qui un animal est l'unique réconfort. Je suis sûre que l'inspecteur Djemani comprendrait, elle. Mais s'il vous faut absolument des arguments intellectuels, pensez aux écrivains… pensez à Colette…

Devant son air sceptique, elle acheva maladroitement :

— Je crois que j'ai fait une erreur. Il vaut mieux que je rentre.

Et sans lui donner le temps de répondre, elle le planta sur place, exécuta un rapide demi-tour et refit en sens inverse le chemin qu'ils avaient parcouru ensemble, à grandes enjambées qui le laissèrent à une respectable distance de sa juste indignation.

14

Le commissaire Foucheroux ne fit pas un grand effort pour rattraper Gisèle Dambert car il avait décidé d'aller examiner à nouveau et de plus près le lieu du crime, puisque leur entretien avait tourné court. Il la laissa donc filer et se mit tranquillement en route vers la destination qu'il s'était assignée. À cette heure matinale, il était certain que peu de personnes remarqueraient sa présence dans le jardin de Petite Plaisance.

Arrivé en vue de la maison, il traversa la route et contourna la véranda dans laquelle des meubles en rotin blanc étaient sagement rangés. Par une des larges vitres, il aperçut une collection de petits animaux en pierre posés sur une table, qui lui semblèrent typiques de l'art kenyen et qu'il n'avait pas remarqués la veille. On ne voit que si partiellement, si sélectivement les choses, se dit-il.

Le jardin présentait un agréable mélange de fleurs sauvages réunies en massifs, d'arbres fruitiers soigneusement taillés et de traces d'un potager, à la limite d'une futaie dans laquelle s'enfonçaient plusieurs petites allées bordées de hautes fougères. Jean-Pierre Foucheroux élut celle qui menait aux pierres tombales des chiens, dont Jun Tanaki avait parlé. Effectivement, trois inscriptions, une en français, une en anglais et une en grec, marquaient les lieux où reposaient Valentine, Monsieur et Zoé. L'ex-étudiant en lettres reconnut un vers de Ronsard : *Pourtant un gentil cœur dedans un petit corps,* mais n'identifia point l'auteur de *And still my spaniel slept* [1] et déchiffra avec quelque peine les lettres grecques : « Ma vie, je t'aime. »

Un craquement de branches le fit se retourner brusquement mais ce n'était que deux écureuils lancés à la folle poursuite l'un de l'autre qui rompaient la fluidité parfaite du silence des lieux. Le premier, arrivé au bout d'une frêle branche qui plia dangereusement sous son poids, s'arrêta un instant comme pour narguer son poursuivant et sauta, agile, sur le tronc d'un chêne voisin. Au-delà, se trouvait le banc où Adrien Lampereur avait rencontré sa mort. Jean-Pierre Foucheroux avança avec précaution vers l'oasis végétale, innocent refuge de bien des promeneurs avant de devenir le théâtre de la pire des violences que l'humain peut faire à l'humain. En professionnel, il se pencha vers l'endroit exact où la victime était assise quand elle avait été étranglée. Il remarqua deux longs cheveux bruns, emprisonnés dans un des accoudoirs, qui ondulaient dans la brise soufflant de l'est ce matin-là. Alors qu'il se promettait de venir récupérer ces indices négligés, il distingua, au bout de l'allée, la silhouette filiforme d'un homme qui portait un objet à ses lèvres. Le gardien des lieux était debout.

— Bonjour, commissaire, cria-t-il de loin, comme si cette rencontre impromptue était la chose la plus banale du monde.

— Bonjour, monsieur Tanaki, lui fut-il répondu avec l'esquisse d'un mouvement dans sa direction. Déjà levé, je vois…

— Oui. Je viens généralement boire ma première tasse de thé dans le jardin. C'est un rituel… Vous en voulez ?

— Non, je vous remercie, j'ai déjà déjeuné. Mais puisque vous êtes ici, puis-je vous demander si je

---

1. Et mon épagneul dormait toujours.

pourrais vous emprunter une feuille de papier sulfurisé ou bien un bout de plastique transparent, ça ferait l'affaire…

Le Japonais hésita à peine.

— Mais certainement. Je vais vous chercher ça tout de suite.

Jean-Pierre Foucheroux le suivit du regard jusqu'à ce que son attention soit attirée par un bruit de contrevents rageusement claqués contre le mur de la Villa Alexis. Il soupira. Jane O'Flynn était aussi debout…

— Je vais vous demander de ne pas franchir cette ligne, dit-il à Jun Tanaki, revenu avec les deux sortes d'objets demandés. Et quand j'aurai fini, auriez-vous l'amabilité de me faire visiter les chambres, si ce n'est pas trop imposer…

— Avec plaisir. La mienne est en désordre, bien sûr. Je suis installé dans la chambre du milieu, mais pour les autres, il n'y a pas de problème…

— Je suis habitué au désordre, monsieur Tanaki. Ne vous inquiétez pas de cela. Si vous voulez bien m'attendre quelques instants…

Les formules de politesse ne trompèrent ni l'un ni l'autre. Jun Tanaki s'inclina et attendit.

Quelques minutes plus tard, il précéda le commissaire Foucheroux dans l'escalier qui menait aux chambres. Ils s'arrêtèrent un instant sur le palier d'où le portrait d'un ecclésiastique les contempla sans indulgence, tandis que Jun Tanaki disait d'une voix neutre :

— Les pièces les plus intéressantes sont celles qui donnent sur la rue, mais si vous voulez voir la chambre du nord…

Ils pénétrèrent dans une pièce à demi mansardée, aux murs blancs, et dont le lit était partiellement entouré d'étagères basses, recouvertes d'ouvrages de toutes sortes. Sur la commode, Jean-Pierre Foucheroux remarqua une poupée javanaise qui le fit instantanément songer à une sauterelle à visage humain, drapée de rouge. Son regard se posa ensuite sur un portrait inachevé de Marguerite Yourcenar.

— C'est un dessin d'Hans Harloff, crut devoir expliquer Jun Tanaki. Il paraît qu'il a eu peur de « le gâter en le continuant ».

— Quelle sagesse exemplaire, murmura le visiteur avant de ressortir, un peu déçu par l'odeur de musée qui s'était installée dans la pièce.

La chambre de Grace Frick ne le séduisit pas davantage. Il enregistra la présence de livres en anglais, l'édredon rose qui s'accordait plutôt mal avec la tête de lit peinte en vert, trois gravures représentant des statues du portail de la cathédrale de Chartres et un petit tableau, sur le fond sombre duquel se détachait le profil d'une femme encore jeune et habillée de bleu.

— C'est Mathilde Cartier de Marchienne, la grand-mère maternelle de Madame Yourcenar, dit Jun Tanaki, et ce vase de fleurs a été peint par Ina Garsoian, continua-t-il en désignant un tableau plus grand à côté de la fenêtre. Il a toute une histoire…

Mais il n'eut pas l'occasion de la raconter car toute l'attention du commissaire Foucheroux était maintenant tournée vers l'extérieur, fixée sur l'étrange comportement du révérend Simpson qu'il venait de voir courir comme un fou, cheveux au vent, lunettes chancelantes, vers le cottage de Dorothée Brown, piquer du nez sur une racine et tomber comme une masse, au bord, semblait-il, de l'apoplexie…

— Descendons, dit-il d'un ton sans réplique.

15

Leila Djemani avait eu quelques difficultés à joindre Marc Lemercier mais, finalement, elle se trouvait au bas de l'immeuble où il habitait, rue des Hespérides. C'était un immeuble en pierre de taille du début du siècle, à la porte cochère gardée par un interphone flambant neuf. Elle se félicita d'en avoir noté le code car elle aurait détesté se trouver en face d'une porte close à cause d'un arbitraire changement de numéro, comme ça lui était arrivé plusieurs fois déjà.

Quand elle arriva au troisième étage, par un escalier recouvert d'un épais tapis rouge et à la cage percée de fenêtres à vitraux colorés, une double porte fut ouverte par un jeune homme à l'air infiniment grave derrière des lunettes cerclées d'argent. Elle lui sut gré de ne pas montrer le moindre signe de surprise devant son apparence. À cause de la chaleur, elle était vêtue d'une simple robe jaune, chaussée de sandales assorties, la bride d'un grand sac en toile accentuant le tombant naturel de son épaule droite.

— Je vous remercie d'avoir accepté de me recevoir, lui dit-elle en lui tendant la main. Et croyez que je suis désolée des circonstances qui nous réunissent...

Elle crut déceler les traces d'un chagrin authentique, bien que contenu, dans la manière dont Marc Lemercier hocha la tête et serra les lèvres avant de lui répondre :

— Entrez, je vous en prie... Si vous voulez vous asseoir...

Et il lui désigna un élégant fauteuil en cuir qui faisait face à un canapé, au-dessus duquel étaient accrochées deux gravures de Piranèse.

— Avec plaisir, acquiesça-t-elle, tout en faisant mentalement l'inventaire de la pièce dans laquelle elle avait été introduite.

Les murs étaient tapissés d'un papier à fines rayures bleues et blanches qui donnaient une impression d'ordre et de confort. Devant une porte-fenêtre qui s'ouvrait sur un grand balcon, se trouvait un bureau Louis-Philippe, chargé de papiers et de livres divers. À droite, un secrétaire de même style était ouvert sur un ordinateur et son imprimante. À côté d'une cheminée en marbre surmontée d'un imposant miroir, une petite table ovale servait de support à un combiné téléphonique ultramoderne, sur lequel le regard de l'inspecteur Djemani s'attarda.

Marc Lemercier enchaîna :

— Comme je vous l'ai dit, le dernier message que j'aie reçu d'Adrien est enregistré sur mon répondeur. Si vous voulez l'entendre...

— S'il vous plaît, oui.

Le jeune homme se dirigea vers l'appareil, appuya sur un bouton et une riche voix de basse, mélodieuse, bien qu'un peu tendue, se fit clairement entendre.

« Allô, Marc ? C'est Adrien... Si tu es là, décroche, c'est important... Je t'appelle de Northeast Harbor. Il est presque six heures... Tu n'es pas là... Tant pis. Écoute... Je viens de t'envoyer des documents. Dès que tu les recevras, mets-les en lieu sûr sans les ouvrir. Je répète, sans les ouvrir... Si tu avais été là, je t'aurais expliqué. Tant pis. Je te rappelle dès que j'aurai... »

Un bip strident interrompit brusquement les injonctions venues d'outre-Atlantique.

— C'est malheureusement la fin de la bande magnétique, soupira Marc Lemercier. Je ne m'étais pas rendu compte qu'elle avait besoin d'être changée.

— Il n'y a donc pas moyen de savoir si Adrien

Lampereur vous a effectivement rappelé par la suite, déduisit Leila Djemani.

— Je crains que non. Ce message a été enregistré à 11 h 32. Je ne suis rentré ici que le lendemain matin vers neuf heures et je n'ai pas écouté mes messages avant midi.

— Pardonnez-moi une question qui pourra vous paraître indiscrète, dit doucement l'inspecteur Djemani, mais où avez-vous passé la nuit ?

— Chez un ami, répondit sans hésitation le jeune homme. Nous travaillons ensemble sur un projet, un dictionnaire de stratégie.

— Il pourra confirmer ? Si besoin est ?

— Sans le moindre doute.

Et il lui donna le nom fort connu d'un jeune attaché d'ambassade.

— Me permettriez-vous de faire une transcription du message que vous avez reçu ? lui demanda-t-elle, tout en sachant qu'elle était sur un terrain glissant.

— Je ne suis pas tenu, légalement, d'accéder à cette requête, lui fit-il remarquer.

— Légalement non, en effet, lui répondit-elle en le regardant droit dans les yeux. Mais moralement ?

— Je vais vous faire une copie de la portion qui vous intéresse, capitula-t-il avec simplicité.

— Je n'aurais pas osé vous demander ce service, monsieur Lemercier, mais puisque vous le proposez, ce serait fort utile pour analyser les bruits de fond.

— Il y a autre chose qui pourrait vous aider, ajouta le jeune homme tout en se livrant à des opérations de repérage sur le magnétophone. J'ai aussi reçu un courrier électronique.

Leila Djemani ressentit un picotement à la base de la nuque. Elle aurait dû penser à poser directement la question. Elle se força à dire :

— J'allais justement vous demander si vous aviez eu toute autre forme de communication avec le défunt.

Marc Lemercier ne fut pas dupe mais accepta de bonne grâce de lui montrer le bref message qu'il avait conservé en tapant sur le clavier d'un ordinateur qui arrêta son vertigineux tourbillon de lignes sur les mots :

« Mon cher Marc,
Je viens de laisser un message sur ton répondeur mais deux précautions valant mieux qu'une, je confirme que je t'envoie une enveloppe contenant des documents que je te demande de mettre au coffre sans les ouvrir. Je t'appellerai demain pour plus de détails. Merci. Adrien. »

— Ce message a été transmis à 11 h 58. Je peux vous l'imprimer, si vous voulez...

Elle hocha la tête avec gratitude et pendant qu'il se livrait à des manipulations diverses, elle poursuivit avec tact, sur le ton de la constatation :

— Vous aviez de l'affection pour votre... oncle.

— Adrien n'est... n'était pas vraiment mon oncle. C'était un cousin éloigné de mon père. Mais oui, j'avais de l'affection pour lui. J'ai encore les livres qu'il m'a offerts pour tous mes anniversaires. C'est lui qui m'a encouragé à faire des études d'histoire et de journalisme. Sans lui...

Il s'interrompit pour rembobiner une bande magnétique qui protesta avec un petit sifflement.

— Vous savez qu'il vous a nommé héritier de tous ses biens, avança Leila, sans être absolument sûre de son fait.

— C'est ce que m'a fait savoir son avocat, en effet. C'est une bien lourde responsabilité, soupira-t-il.

— Un appartement à Paris et une villa à Velleron ne sont pas impossibles à gérer, tout de même, ne putelle s'empêcher de dire.

— Je ne pensais pas à ça, rétorqua-t-il avec un peu d'impatience. Je pensais à *L'Univers*. Il a laissé des instructions pour que ce soit moi le nouveau directeur. C'est une lourde responsabilité, répéta-t-il. Mais il ne m'a guère laissé le choix... Ah ! voilà, l'enregistrement est terminé, dit-il en éjectant une bande, qu'il plaça soigneusement dans une boîte en plastique transparent. Et voici la copie papier du message. J'espère que ça fera progresser l'enquête... Et en lui tendant les deux objets, il ajouta comme pour lui-même : Je ne comprends pas comment quiconque a pu vouloir abréger aussi brutalement une vie qui allait finir.

— Une vie qui allait finir ? Que voulez-vous dire ? demanda Leila Djemani avec un étonnement qu'elle ne sut pas dissimuler.

— Vous n'êtes pas au courant ? dit le jeune homme, surpris de sa surprise. Adrien avait une tumeur au cerveau. Nous savions que la fin était proche. C'est pourquoi, lorsqu'on m'a appelé, je n'ai pas été totalement pris au dépourvu. Simplement, je croyais qu'on allait m'annoncer son... son suicide.

Leila Djemani s'était reprise.

— Il avait parlé de suicide ?

— Il en avait envisagé la possibilité, oui.

Marc Lemercier enleva ses lunettes, se frotta les yeux comme un petit garçon au réveil et esquissa un geste d'incompréhension.

— C'est pour ça qu'il m'est difficile de croire... La police...

Il laissa la phrase en suspens et sans un mot de plus la raccompagna à la porte.

— Nous ferons de notre mieux, monsieur Lemercier, lui promit-elle en guise d'adieu.

Il la regarda avec un curieux mélange de tristesse, d'hostilité et d'espoir.

— J'en suis sûr. Moi aussi, finit-il par dire en lui tendant la main. Je vous contacterai dès que j'aurai reçu la lettre d'Adrien. Au revoir.

Quand il eut refermé la porte, Leila Djemani ressentit un brusque et immense respect pour la grande sagesse dont avait fait preuve le disparu en ce qui concernait le choix de son successeur. Marc Lemercier irait loin... Cette émotion nouvelle vint teinter d'une couleur différente l'image kaléidoscopique qu'elle s'était faite jusque-là du professionnel dont rien n'avait pu arrêter l'irrésistible ascension : ni un bref emprisonnement politique quand il était étudiant, ni les conditions suspectes qui avaient entouré sa prise de pouvoir à *L'Univers*, ni le scandale étouffé de la mort de sa femme, ni la fin tragique de sa liaison avec un jeune homme qui aurait pu être son fils, ni le dernier coup de force qui l'avait mis à la tête d'une maison de production. Derrière la sèche accumulation des fiches d'un dossier, Leila Djemani commençait à entrevoir le profil d'un être humain, multiple, ondoyant, multiforme.

D'un pas délibéré, elle prit la direction du quai des Orfèvres. Elle croisa des touristes trempés de sueur, pestant contre la chaleur qui faisait fumer le bitume. Des effluves nauséabonds montaient de poubelles qu'une grève des éboueurs laissait béantes, depuis trois jours, sur les trottoirs... Paris au mois d'août. Peut-être l'an prochain essaierait-elle, comme tout le monde, d'échapper à l'enfer de la ville en été. La vision d'une plage de sable blanc, en demi-lune, parfaitement vide, bordée de palmiers répandant leur ombre bienfaisante, et qui s'étirait à l'infini sous une caressante lumière blanche s'imposa à elle. C'était une image qui s'était formée dans son esprit tôt dans l'enfance, à partir des souvenirs chuchotés entre sa mère et sa tante. « Tu te souviens du jour où on a marché jusqu'à... » L'image d'une plage mythique que les deux femmes se juraient d'aller revoir un jour, en Algérie. Leila Djemani accéléra son allure. Peut-être accomplirait-elle un jour le voyage rêvé par ses aînées. Mais pour l'heure, elle devait envoyer son rapport à un supérieur hiérarchique qu'elle imaginait revivifié par la brise marine des côtes américaines et les joies incomparables de l'amitié virile.

16

D'un même geste, Jean-Pierre Foucheroux et Jun Tanaki avaient tendu une main secourable au révérend Simpson, dont les lunettes étaient tombées sur l'herbe, et qui avait toutes les peines du monde à se relever avec quelque dignité. Le col en bataille et le souffle court, il parvint à dire :

— Je ne voudrais pas me donner en spectacle...

Mais comme il tentait de se mettre debout, une petite grimace de douleur le fit ajouter :

— J'espère que ce n'est pas une entorse... Ce n'est vraiment pas le moment...

Le commissaire Foucheroux n'eut aucune peine à croire que nulle douleur physique ne pouvait être pire que l'idée de se donner en spectacle pour ce sexagénaire propret, à qui une famille puritaine avait dû apprendre depuis la naissance et même peut-être avant à contrôler l'expression de sentiments que ne devaient jamais trahir le regard clair, l'alignement impassible des lèvres, la position horizontale du menton carré ou la palpitation involontaire des narines d'un petit nez bien droit. À cause de ces caractéristiques, George Simpson Jr. aurait pu sortir d'une des illustrations de Norman Rockwell : il était la vivante caricature du pasteur type de la Nouvelle-Angleterre, dont il prononça les paroles types :

— Je suis vraiment confus...

Il fit deux pas en avant en s'appuyant sur le bras des deux hommes qui l'entouraient et dit sur un ton plus ferme :

— Si vous vouliez bien m'aider à traverser la route pour revenir chez moi, je vous en serais fort reconnaissant.

— Avec plaisir, mon révérend, le rassura Jean-Pierre Foucheroux. Mais ne croyez-vous pas qu'il vaudrait mieux voir un médecin ?

Jun Tanaki eut une impression de déjà entendu qui lui fit retenir son souffle. Il trébucha et espéra que l'attention du commissaire était concentrée tout entière sur les paroles du révérend Simpson.

— Non, non, ce n'est rien, ça va passer, assurait le pasteur, stoïque en dépit d'une douleur lancinante dans la cheville. Je vais...

Mais il ne put achever sa phrase. Sortie d'on ne savait où, Dorothée Brown, l'air déterminé, prit les choses en main.

— Transportez-le jusque chez moi, ordonna-t-elle sur un ton sans réplique. Je vais m'occuper de lui.

— Dorothée, non, j'allais... commença George Simpson.

— Je sais, révérend, je sais, dit-elle avec l'intonation qu'on prend pour calmer un enfant difficile. Mais tout le reste peut attendre, tout le reste. Elle lui lança un regard d'avertissement muet qui n'échappa point à l'œil perspicace de Jean-Pierre Foucheroux.

— Vous alliez rendre visite à madame ? s'enquit-il sans en avoir l'air, tout en soutenant le pasteur qui était plus lourd qu'il ne le paraissait. Une urgence ?

— Oui, je lui avais téléphoné pour... parce que...

— Pour discuter des arrangements floraux de dimanche, compléta Dorothée Brown avec aplomb, alors qu'ils passaient le long de Petite Plaisance.

Cette affirmation lui valut un regard de surprise admirative de la part de son vieil ami et le petit groupe arriva sans échanger d'autres paroles au seuil du cottage fleuri.

— Je vous remercie, dit sa propriétaire sans les inviter à entrer. Ça va aller. Je vais mettre de la glace sur le pied du révérend et l'obliger à rester tranquille, ce qui n'est pas le plus facile, termina-t-elle en fronçant les sourcils mais avec un air badin.

Le commissaire Foucheroux hésita un instant puis annonça sur le ton le plus courtois du monde :

— Je viendrai prendre des nouvelles plus tard, si vous le permettez.

— C'est cela, c'est cela, acquiesça le pasteur avec une soudaine lassitude, comme si l'effort de clopiner jusqu'où il était arrivé l'avait vidé de toutes ses forces.

Une fois chez elle, Dorothée Brown s'affaira, fit asseoir l'invalide sur un canapé, délaça sa chaussure noire, enleva délicatement une chaussette tout aussi noire et passa des doigts experts sur une cheville déjà enflée.

— Ah ! ne put s'empêcher de s'exclamer son patient.

— C'est une foulure, diagnostiqua-t-elle.

Elle alla chercher une bassine d'eau, une bande élastique et une pommade odorante. Ce n'est qu'après avoir pratiqué les soins nécessaires et apporté une théière ronde et fumante qu'elle se risqua à dire :

— Je vous écoute...

Entre deux protestations et plusieurs digressions, le révérend George Simpson lui révéla qu'il avait découvert, alors qu'il était tranquillement en train de préparer son sermon sur *la Lettre de Paul aux Éphésiens* – « qui, comme vous le savez, Dorothée, n'a pas du tout été écrite par Paul », ne put-il s'empêcher d'interjecter, car il se faisait un point d'honneur de se tenir au courant des derniers développements en la matière –, que l'argent de la campagne « Cousins dans le besoin » avait disparu.

— Disparu, répéta-t-elle avec ahurissement. Disparu... Vous voulez dire...

Avec un petit soupir, il renonça à l'euphémisme.

— Volé.

— Vous en êtes absolument certain ?

— Oui, hélas ! confirma-t-il. Je soupçonne... Vous savez qui je soupçonne.

Elle baissa la tête sans rien dire.

Au bout de quelques secondes, il ajouta :

— Que faire ?

— Attendre, répondit-elle sans hésitation. Je vais parler à Ashley. Il sera toujours temps de... de prévenir les autorités si...

Sa voix se brisa.

— Je suppose que ça peut attendre vingt-quatre heures, murmura-t-il. Mais après ça, Dorothée...

— Vingt-quatre heures, d'accord, opina-t-elle. Mais elle jeta un regard angoissé en direction de la pendule qui venait d'égrener huit heures.

— Je peux sans doute retourner chez moi avec l'aide d'une béquille quelconque, la rassura-t-il. Vous avez à faire...

En dépit de son désir de le garder auprès d'elle, Dorothée ne protesta pas. Il avait raison. Elle avait à faire.

⁂

« Ces deux-là me cachent quelque chose », se disait le commissaire Foucheroux en regagnant d'un pas aussi vif que les séquelles de son accident le lui permettaient la maison du capitaine Bradford, après avoir pris congé de Jun Tanaki. « Ils me cachent quelque chose. Mais quoi ? » Brusquement, il regretta que Leila Djemani ne soit pas à ses côtés. Elle aurait non seulement reconnu les signes irréfutables de la dissimulation mais trouvé avec lui un moyen de les déconstruire. C'était leur grande force, l'interprétation des signes.

Au moment où Jean-Pierre Foucheroux poussa la barrière blanche du jardin, Andrew sortit de la maison de son oncle et lui dit sur un ton sans inflexion particulière :

— Tu tombes bien. Jack Griffith vient de téléphoner. Il a reçu un fax pour toi, de ton inspecteur. J'allais le chercher…

— Je t'accompagne.

Et en chemin, il lui résuma l'épisode de la chute du révérend Simpson. « Quelque chose l'a bouleversé, j'en suis sûr, mais quoi ? »

— On ira le voir plus tard, si tu veux, proposa Andy. Après Eleonore Hunt peut-être. Ou bien au retour de l'île aux Canards… Il laissa s'installer un petit silence puis demanda : Et le chat ?

— En vadrouille, semble-t-il, répondit le commissaire Foucheroux. Mais il ne laissa rien transparaître de sa décevante conversation avec Gisèle Dambert.

Au poste de police, l'atmosphère était à l'orage en cette claire matinée d'été. Apparemment, des ordres contradictoires en provenance d'Orono et d'Augusta avaient retardé la transmission du rapport d'autopsie et Jack Griffith fulminait. Il leur tendit en grommelant les sept pages télécopiées qui lui avaient été adressées par Leila Djemani.

Les deux amis en prirent connaissance ensemble.

— Ça alors ! s'exclama Andy, quand il lut qu'Adrien Lampereur était atteint d'une tumeur au cerveau. Et il a téléphoné à Paris le jour de sa mort… Comment a-t-elle trouvé tout ça si vite ? s'émerveilla-t-il.

— Elle est très professionnelle, répondit avec simplicité Jean-Pierre Foucheroux. Et tenace. Et intelligente. Elle devrait être promue rapidement…

— Si ça continue, on aura les résultats de l'analyse de la bande magnétique par Paris avant ceux du laboratoire d'à côté. C'est quand même un monde ! s'emporta à son tour Andrew.

Jean-Pierre Foucheroux se garda bien de faire remarquer que la légendaire efficacité américaine, qu'Andy vantait parfois pour le taquiner, avait aussi ses failles. Tous les systèmes ont leurs failles. Humaines, en général. De la fenêtre dont il s'était approché, il laissa errer son regard sur le port de plaisance, où un magnifique voilier retint son attention.

— Tiens, c'est la Rachel B. Jackson, fit remarquer un des assistants de Jack Griffith. Bizarre. D'habitude elle est à Manset, à cette heure-ci…

Que faisait Adrien Lampereur d'habitude, à cette heure-ci ? se demanda le commissaire Foucheroux. Peut-être la propriétaire du Chalet Belge pourrait-elle les renseigner sur les activités matinales de l'étranger qui avait pris pension chez elle. Peut-être pourraient-ils reconstituer l'emploi du temps type d'une journée dans la vie d'Adrien Lampereur sur l'île des Monts-Déserts et découvrir, à force de patience, en multipliant les questions, l'anomalie qui les guiderait vers la solution de l'énigme.

— Jean-Pierre, viens voir, lui dit Andy, penché sur l'inventaire des objets ayant appartenu à la victime. Tu ne remarques rien ?

Le commissaire Foucheroux relut la liste dans toute sa pathétique sécheresse, le nombre exact de paires de chaussettes du défunt voisinant avec un carnet de notes, dix chèques de voyage, trois clés, deux disquettes vierges… Deux disquettes. Son regard glissa rapidement jusqu'à l'inexistante lettre « O ».

— Pas d'ordinateur, constata-t-il à haute voix.

— Bingo, mon vieux. Pas d'ordinateur. Alors, d'où diable a-t-il envoyé son courrier à Marc Lemercier ?

— Pas d'ici, en tout cas, plaisanta Jack Griffith. Mais il a pu utiliser l'ordinateur de quelqu'un d'autre.

— Vous pensez à qui ? demanda Jean-Pierre Foucheroux, intrigué.

— Oh ! il y a plusieurs possibilités. Le guide de Petite Plaisance a un portable. Japonais, bien entendu. Et le professeur O'Flynn également, de son propre aveu. Un IBM. Et Roberto Spaldini a un Mac. Madame Hunt aussi, je crois.

— Vous croyez qu'on pourrait retrouver la source…

— Pas de problème, assura Andy. Je connais un expert au MIT. Mais ça risque de prendre du temps.

— À moins, évidemment, qu'il n'ait envoyé ce message avec son propre ordinateur... réfléchit à haute voix le commissaire Foucheroux.

— Qui aurait disparu, lui aussi! Décidément... acheva Andrew, sans l'ombre d'un sourire. Dans ce cas, on devrait sans doute aller d'abord au Chalet Belge.

— C'est exactement ce que j'allais te proposer.

Et c'est dans une harmonie retrouvée que les deux hommes se dirigèrent d'un même pas vers la dernière chambre qu'ait occupée un homme en perpétuel mouvement, arrêté net par les mains d'un étrangleur, qui l'avait figé dans la grotesque pose d'un pantin affalé sur un banc.

17

Le Trou du Tonnerre est décrit dans tous les dépliants touristiques comme l'une des « merveilles naturelles » de l'île des Monts-Déserts. Au sud de Bar Harbor et juste au-dessus des Falaises aux Loutres, un chiasme spectaculaire, dans lequel s'engouffrent à grand fracas les vagues à marée haute, pétrifie les enfants les plus turbulents, qui en oublient la joie de transgresser les interdits parentaux en escaladant les rochers anguleux et glissants. Les jours de tempête, le bruit est semblable au tintamarre que ferait une suite ininterrompue d'avions au décollage, le choc du ressac se répercutant d'une paroi à l'autre et ricochant en écho sur les escarpements voisins. Des gerbes d'écume blanche étoilent le ciel gris de feux d'artifice liquides, éphémères et dangereux. Il n'est indiqué dans aucun guide, cependant, qu'il existe une réplique presque exacte du Trou du Tonnerre sur la côte ouest de l'île aux Canards : le Rocher du Diable. Et tout le monde ou presque a oublié que cette flamboyante formation rocheuse contient en ses flancs une série de grottes marines dont on peut apercevoir l'entrée, du large, avec des jumelles, à marée basse.

À l'intérieur de la seconde cavité régnait, ce matin-là, une activité inhabituelle. Trois hommes vêtus de scaphandres s'affairaient autour de lourdes caisses sur lesquelles on pouvait lire en lettres rouges : « Homards du Maine. Livraison spéciale ».

— On va être en retard, fit remarquer l'un d'entre

eux, après avoir consulté une fois de plus le cadran de sa montre de plongée.

— On a commencé en retard, rétorqua son compagnon sur un ton peu amène.

— On n'aurait pas dû commencer du tout, grommela le troisième. Tous ces changements de dernière minute…

Et il laissa rageusement tomber une caisse sur une autre.

— Oh, là ! du calme. Pas la peine d'abîmer la marchandise. Le patron sait ce qu'il fait.

— C'est pas lui qui prend les risques. C'est bien la première fois qu'on travaille en plein jour et un weekend, lui fut-il répondu du tac au tac.

— Y avait urgence. Et puisque ça va rapporter le double de d'habitude…

Les deux autres haussèrent les épaules sans répondre et continuèrent leur besogne jusqu'à ce que le plus jeune s'arrête brusquement, figé dans la pose d'une statue antique essayant d'atteindre un invisible objet.

— Vous n'avez rien entendu ?

— Entendu quoi ? lui demanda celui qui avait protesté auparavant.

— On aurait dit… on aurait dit… Riez pas… on aurait dit un chat.

Ils tendirent tous l'oreille mais seul leur parvint le grondement assourdi des lames se brisant à l'extérieur de leur abri.

— Franchement, c'est pas le moment d'avoir des hallucinations, Tom. Fred va descendre d'un instant à l'autre. Dépêchons-nous…

Dans la partie supérieure de la grotte, à laquelle on accédait par des marches taillées à même la paroi rocheuse et perpétuellement suintantes, Fred Wilkinson s'activait. Sa blouse blanche, sa concentration lui donnaient l'air d'un chercheur parfaitement à l'aise dans son laboratoire. Il avait déjà remplacé la délicate chair d'une cinquantaine de crustacés par une poudre blanche autrement succulente pour les palais initiés et refermé leurs carapaces avec une précision quasi chirurgicale. Fred ne voulait pas penser au genre d'assiettes dans lesquelles atterriraient ces homards farcis de manière si particulière. Ni à ceux qui allaient les consommer. Des riches en mal de sensations fortes, pour la plupart, se répétait-il lorsque sa conscience le taraudait un peu trop. Il n'était qu'un intermédiaire. De toute façon, c'était ça ou tout perdre, la seule manière de rembourser la banque. Et pour les trois autres, en bas, qu'il avait recrutés, c'était la même chose. Sauf peut-être pour Tom. Dans son cas, c'était plutôt la rage de voir, été après été, les fils de milliardaires lui mettre sous le nez leurs signes extérieurs de richesse, leurs voitures, leurs yachts, leurs femmes… Quoi qu'il arrive, tout ça allait bientôt finir. Et il n'aurait plus à redouter de croiser le clair regard de Jeff au pub du Renard méprisant. Fred était convaincu que son cousin savait mais qu'il ne dirait rien. On ne se trahit pas entre natifs du Maine. Mais il ne faudrait pas qu'il s'amuse à jouer au justicier solitaire et qu'il essaie de remonter la filière. Têtu comme il était, il découvrirait tôt ou tard que le vrai profit allait aux « gens venus d'ailleurs » comme on les appelait traditionnellement dans l'île. Comme ce journaliste…

Le scalpel de Fred Wilkinson s'immobilisa soudain à quelques centimètres de la tête du dernier homard qu'il s'apprêtait à sacrifier. Il aurait juré qu'il venait d'entendre un bref miaulement. Retenant son souffle, il resta suspendu dans une anxieuse attente. Mais aucun son autre que celui du monotone murmure feutré du ressac ne frappa son oreille exercée à déceler toute menace.

— Je rêve, dit-il à haute voix.

Mais un vague malaise l'empêcha de terminer son travail en sifflotant, comme il en avait l'habitude.

Juste avant de redescendre, il jeta un coup d'œil circulaire pour s'assurer que tout était en ordre mais ne vit pas, dans une anfractuosité du granit, juste au-dessus de sa tête, deux yeux bleus rivés sur lui.

⁂

Ashley Brown s'éveilla en sursaut, avec un goût de fer dans la bouche, surprise par la clarté aveuglante qui inondait sa chambre, une brillance qui transperçait anormalement les prismes de cristal accrochés à sa fenêtre pour venir s'attacher aux attrape-rêves multicolores qui égayaient le haut de son lit. Elle avait coutume de se lever en même temps que le soleil, qu'elle saluait avec quelques minutes de méditation suivie d'exercices physiques rigoureux, qui lui permettaient de garder un esprit sain dans un corps sain, en dépit des tensions permanentes auxquelles elle était soumise et qui se résumaient en un seul nom : Willy.

Ce matin-là, comme tous les autres, sa première pensée consciente fut pour Willy. Il dormait habituellement jusqu'à dix heures, sous l'effet des sédatifs qu'elle réussissait à lui faire avaler sous les formes les plus diverses et de plus en plus difficiles à varier sans qu'il s'en aperçoive. Hier soir, par exemple, elle avait subrepticement versé douze gouttes incolores dans le verre de lait glacé qui avait accompagné son dessert favori. En y réfléchissant, elle ne se souvenait pas, cependant, de l'avoir vu boire. Seulement de l'avoir observé en train de se resservir trois fois de gâteau... Une angoisse familière s'empara d'elle. Ses yeux grands ouverts notèrent que le soleil était déjà haut dans le ciel. Il devait être... était-ce possible ?... il devait être au moins dix heures... Affolée, elle se précipita d'un bond à la fenêtre et ne reprit son souffle qu'en voyant son bateau sereinement ancré au bout de l'embarcadère. Sur la pointe des pieds, sans faire le moindre bruit, elle sortit de sa chambre, traversa le palier et tourna silencieusement le bouton du repaire de Willy…

Son soulagement fut tel en voyant le corps à demi nu du bel adolescent étendu sur son lit, dans une pose de parfait repos, la poitrine soulevée par le rythme régulier des sommeils profonds, qu'elle faillit laisser échapper une exclamation qui eût instantanément transformé l'ange endormi en démon destructeur. Les rages de Willy n'avaient pas de limites. Mais, contemplant ses boucles blondes éparpillées avec grâce sur son oreiller, son impeccable profil, le grain délicat de sa peau brunie, Ashley s'en voulut presque d'avoir soupçonné le jeune homme d'une fugue de plus, et comprit tous les tragiques coups de foudre dont il avait été et serait toujours l'objet. Comme son père.

Ce ne fut qu'après être descendue dans la cuisine qu'elle se permit de se poser la vraie question : comment expliquer le fait qu'elle se soit réveillée à dix heures du matin ? Certes, elle s'était couchée assez tard la veille, occupée qu'elle avait été à extraire le suc de sanguinaires pour en faire des teintures responsables du nom dont les Européens avaient affublé ses ancêtres. Ironiquement, elle l'utilisait maintenant pour faire rougeoyer des étoffes que lui achetait la communauté franco-américaine du Maine. Mais cela n'expliquait en rien ce goût amer qui persistait dans sa bouche… Elle mit de l'eau à bouillir, partagée entre deux sentiments contradictoires : le calme intérieur qui lui venait de savoir Willy en lieu sûr, protégé de lui-même, bombe désamorcée, ne menaçant temporairement personne, et une sourde inquiétude liée à ce qu'elle considérait comme une ignoble trahison de la part de son corps à elle : le besoin de sommeil. Elle se refusa à formuler dans son esprit la seule autre hypothèse plausible.

18

Quand Jean-Pierre Foucheroux et Andrew Bradford arrivèrent au Chalet Belge, ils furent accueillis avec une relative cordialité par la nouvelle propriétaire, une dynamique jeune femme blonde, qui veilla à ce que la tranquillité de ses hôtes, en particulier du promoteur new-yorkais et du Français grincheux, ne fût point troublée par l'intrusion des forces de l'ordre, en les conduisant directement dans la partie privée de son établissement.

— J'ai déjà répondu aux questions de vos collègues, dit Elizabeth Sedgewick, avec un brin d'impatience dans la voix, tout en leur désignant deux confortables fauteuils recouverts de chintz fleuri. Je ne sais pas ce que je peux ajouter…

— Nous vous sommes d'autant plus reconnaissants de nous recevoir, affirma Andrew Bradford, refusant d'un geste sans équivoque l'offre muette d'une tasse de café pourtant fort odorante et servie avec grâce et naturel. Si ça ne vous ennuie pas trop de nous répéter ce que vous avez déjà dit…

Jean-Pierre Foucheroux sortit discrètement un petit carnet noir de sa poche et attendit, stylo en main.

— Soit, se décida la jeune femme. Et, fronçant des sourcils parfaitement arqués qui donnaient en permanence à son visage un air d'étonnement juvénile, elle expliqua : J'ai reçu un coup de téléphone de M. Lampereur, de Paris, le 15 juin en début de matinée. Il désirait retenir une chambre pour le mois d'août, sur la recommandation d'un de ses amis, un professeur canadien, qui a plusieurs fois séjourné ici... L'ennuyeux est qu'il ne savait pas exactement combien de temps il comptait rester. Mais nous sommes tombés d'accord sur deux semaines, étant entendu qu'il pourrait éventuellement prolonger... Malheureusement... Elle s'interrompit et secoua la tête. Ça a vraiment été un choc pour moi d'apprendre sa disparition dans des circonstances aussi horribles. J'ai encore du mal à y croire. C'était un hôte parfait, discret, courtois... Il prenait généralement son petit déjeuner ici et partait pour la journée, à la recherche de renseignements pour écrire ses articles. Ou bien il s'enfermait dans sa chambre pour travailler, sans déranger personne.

— Justement, sur ce point, intervint doucement Jean-Pierre Foucheroux, comment écrivait-il ? Je veux dire : savez-vous s'il avait un ordinateur ?

— Oui, j'en suis sûre. On pouvait parfois l'entendre taper sur son clavier en passant devant la porte de sa chambre, et Anna, la jeune fille qui fait les chambres, avait remarqué que c'était un compact dernier modèle.

Devant l'air un peu étonné de ses interlocuteurs, elle expliqua :

— Son petit ami travaille dans l'informatique et elle s'intéresse à ces choses plus que moi, je dois dire. Mais la dernière fois que j'ai vu M. Lampereur, il avait son ordinateur avec lui, je m'en souviens parfaitement.

— Le jour de sa mort ? interrogea Andy.

— À quatre heures très exactement, comme je l'ai précisé aux autres personnes qui m'ont posé la même question.

— Pardonnez-moi d'insister mais ce détail est important. Vous avez vu Adrien Lampereur sortir d'ici en emportant son ordinateur, à quatre heures, le jour de sa mort.

— Oui, redit Elizabeth Sedgewick, sans l'ombre

d'une hésitation. Ce matin-là, il était parti sans doute très tôt car je ne l'ai pas vu pour le petit déjeuner. Il est rentré vers trois heures, pour ressortir une heure plus tard. Et il était chargé de son ordinateur et de son magnétophone. Il avait l'air pressé et a refusé de prendre une tasse de thé, après m'avoir avoué qu'il n'avait pas déjeuné. « Désolé, j'ai à faire », m'a-t-il dit avec ce sourire énigmatique qui vous donnait l'impression d'être une intruse. « Mais je reviendrai en fin de soirée. Si vous aviez la bonté de me laisser un encas… » C'était si rare qu'il demande une faveur… Je lui ai préparé une salade aux crevettes et une compote de fruits, auxquelles personne n'a touchées.

— Il n'est donc pas rentré comme il l'avait prévu, déduisit à haute voix Jean-Pierre Foucheroux.

— Sans doute pas, mais je ne saurais vous l'affirmer, car j'étais invitée à un cocktail, ce soir-là, et ne suis revenue qu'après onze heures.

— Savez-vous s'il a téléphoné à qui que ce soit ? s'enquit Andrew Bradford.

— Il avait sa propre carte de téléphone, ce qui est la règle de la maison. Nos hôtes préfèrent généralement ce système. Mais s'il a téléphoné de sa chambre, je suppose que vous pouvez retrouver la trace…

— A-t-il reçu des messages particuliers ce jour-là ? reprit Jean-Pierre Foucheroux.

— Rien qui sorte de l'ordinaire. Un fax de Paris, je crois, mais j'ai donné tous ces documents à Jack Griffith, ainsi que la liste des personnes à qui je sais que M. Lampereur a parlé…

— Effectivement, nous l'avons consultée, la remercia Andrew Bradford. Une dernière chose. Est-ce que nous pourrions voir la chambre qu'il occupait ?

Elizabeth Sedgewick hésita un instant avant de répondre.

— Si vous le désirez. Mais elle a été nettoyée à fond. L'inspecteur Griffith m'a donné la permission de le faire hier, après que l'équipe d'Orono a eu fini. Je dois vous avouer qu'il est un peu difficile de comprendre qui dirige les opérations, entre les gens d'Orono, ceux d'Augusta, Jack et… et vous… mais je suppose que puisqu'il s'agit d'une affaire internationale, c'est inévitable.

Ayant ainsi résumé l'impression générale des habitants de Northeast Harbor, elle se leva en disant « Si vous voulez bien me suivre »… Après avoir traversé deux couloirs et monté un petit escalier d'une exemplaire propreté, ils furent introduits dans la chambre numéro sept, meublée en authentique style Shaker. Leur regard balaya successivement le bureau en hêtre blond, aux lignes pures, niché entre deux fenêtres garnies de simples rideaux blancs, un élégant fauteuil à bascule et un coffre de larges dimensions, au pied d'un lit recouvert d'un *quilt* aux couleurs vives. Des fleurs fraîches s'épanouissaient dans un vase bleu posé sur la table de nuit, que reflétait, sur le mur d'en face, un miroir ovale. La neutralité sereine de cet espace tranquille, lumineux et délicatement parfumé proclamait l'immuabilité d'un ordre des choses qu'Adrien Lampereur n'avait fait que traverser.

— Comme je vous l'ai dit, reprit la propriétaire des lieux qui s'inquiétait du silence prolongé et craignait d'y lire une trace de désapprobation, Jack Griffith m'a dit que je pouvais…

— Mais bien entendu, madame, vous êtes tout à fait dans votre droit, la rassura immédiatement Andrew Bradford.

— Nous comprenons. La vie continue, acheva Jean-Pierre Foucheroux, employant sans y prendre garde les mots qu'on lui avait répétés *ad nauseam* après la mort de Clotilde, et qu'il s'était juré alors de ne jamais prononcer.

Sur le point de prendre congé, Andrew Bradford se ravisa et posa une question en apparence bien anodine mais qui fut interprétée par Elizabeth Sedgewick comme un piège sournoisement tendu :

— M. Lampereur entretenait-il des rapports particuliers avec l'un ou l'autre de vos hôtes ?

Elle se raidit, détourna les yeux, toussota, si visiblement mal à l'aise que Jean-Pierre Foucheroux fut brutalement ramené à la dure réalité de l'enquête et prêta une attention particulière aux paroles qui suivirent :

— M. Lampereur était courtois avec tout le monde, comme je vous l'ai dit. Courtois mais distant. C'est pourquoi j'ai été si surprise de voir... Elle ne put se résoudre à terminer et tergiversa : Vous comprenez, quand vous faites chambres d'hôtes, vous avez affaire à toutes sortes de gens... Par exemple, quand M. Lampereur est arrivé, j'avais deux photographes californiennes qui se plaignaient constamment du temps. Pas assez de lumière, trop d'humidité, la peste soit de ce brouillard, ce genre de commentaires...

— Madame Sedgewick, réprimanda doucement Andy.

Après avoir respiré un grand coup, elle obtempéra.

— Je suppose que je dois vous dire que j'ai vu, tout à fait par hasard, M. Merinovsky sortir de la chambre de M. Lampereur, à cinq heures du matin, deux jours avant la tragédie.

Les deux hommes la regardèrent sans mot dire, attendant son interprétation des faits. Elle se méprit et s'empressa d'ajouter :

— Je ne veux pas dire... je ne sais pas ce qu'ils y faisaient. Je l'ai simplement vu sortir en catimini de la chambre de M. Lampereur, parce que je m'étais levée, par extraordinaire, une heure plus tôt que d'habitude pour passer un coup de téléphone en Belgique.

— Avez-vous eu l'occasion de remarquer des signes... disons d'intimité entre eux ? demanda avec délicatesse Andrew Bradford.

Cette fois, la réponse ne se fit pas attendre.

— Non, justement, c'est ce qui est si curieux... J'avais plutôt l'impression que ces deux personnes n'avaient pas beaucoup d'atomes crochus. En fait, ils avaient eu une discussion très publique et assez vive sur les fausses appellations de certains vins, avant l'arrivée de M. Blérac, qui est négociant dans le sud-ouest de la France. M. Lampereur s'est moqué des soi-disant œnologues qui, selon lui, n'ont aucun goût, ce qui a mis M. Merinovsky en fureur car il a vu dans ces remarques une attaque directe contre M. Spaldini, qu'il connaît très bien, ou peut-être...

Elle regarda Jean-Pierre Foucheroux et hésita à poursuivre.

— Peut-être aussi une critique du prétendu mauvais goût américain par un Français condescendant, suggéra-t-il. Et pour la tirer d'embarras, il ajouta : Les clichés sont tenaces.

— Et dangereux, mais pas suffisamment pour entraîner la suppression de ceux qui les profèrent, généralement, trancha Andy en guise de conclusion.

Ils laissèrent Elizabeth Sedgewick songeuse mais soulagée de ses craintes, de ses doutes, de ses soupçons, et pas mécontente, finalement, d'avoir accompli son devoir civique sans avoir le sentiment de s'être livrée à d'indiscrètes suppositions.

19

Tout à coup, le temps avait changé. Trois jours durant, un persistant brouillard avait recouvert l'île des Monts-Déserts, un brouillard qui aurait chassé à coup sûr les Californiennes, musait Elizabeth Sedgewick, si Adrien Lampereur ne les avait pas fait décamper la semaine précédente, en leur affirmant le plus sérieusement du monde que c'était dans cette île que se fabriquaient naturellement toutes les brumes de la côte, polluée d'autre part par les indiscernables émanations d'un laboratoire de recherches fondé en 1929 par Roscoe Jackson. Déprimées par le manque de soleil, affolées à l'idée d'être à la merci de radiations invisibles, en manque de salades composées d'éléments strictement biologiques, elles avaient plié bagage, au grand soulagement des autres hôtes, exaspérés par le régionalisme étroit qui se manifestait dans le début de chacune de leurs phrases : « En Californie... », et l'emploi constant de figures hyperboliques abhorrées sur la côte est des États-Unis, qui se targue de mesure jusque dans le discours.

De la fenêtre du salon, la propriétaire du Chalet Belge fit un petit signe de reconnaissance aux deux policiers qui passaient une fois de plus devant son établissement sans montrer la moindre intention de s'arrêter pour l'interroger à nouveau. D'ailleurs elle leur avait tout dit. Ou presque... Au centre de Northeast Harbor, le Chalet Belge était stratégiquement situé à égale distance de Petite Plaisance et du poste de police et Elizabeth Sedgewick avait vu passer et repasser devant chez elle les ombres fantomatiques du commissaire Foucheroux et de l'agent Bradford, allant et venant inlassablement du lieu du crime à celui où devait théoriquement se trouver sa solution.

— On piétine, soupira Jean-Pierre Foucheroux, les yeux fixés sur l'étroit trottoir.

— Exact, reconnut son collègue et ami tout en accélérant involontairement son allure. On a le profil de la victime, on a le rapport d'autopsie, on a des heures et des heures de témoignages, mais rien de concret. Tant qu'on n'aura pas le mobile…

— Tu veux dire tant qu'on n'aura pas découvert ce qu'Adrien Lampereur avait découvert.

— Franchement, mon vieux, cette histoire de reportage sur la guerre des homards me laisse perplexe. Tu as lu comme moi les textes de droit maritime. Jeff Walker et les autres semblent parfaitement innocents. Respect des distances, renouvellement des permis, couleur des bouées, tout semble en ordre. Non, ces homards ont des relents de harengs rouges, comme on dit ici.

— Peut-être le crime est-il lié à quelque chose de complètement différent, hasarda le commissaire Foucheroux. Quelque chose qui aurait à faire avec Marguerite Yourcenar, puisque, après tout, le cadavre était dans son jardin.

— Mais on n'a rien sur Jun Tanaki, lui fut-il aussitôt rétorqué. Tu as vu son dossier…

— J'ai vu son dossier, en effet, j'ai vu son dossier. Mais tu ne me feras pas croire qu'il a passé la nuit du crime chez Eleonore Hunt. Quelque chose cloche dans leurs dépositions. Leurs phrases sont semblables, à la virgule près. Ils sont de mèche.

— Mais dans quel but ? Pourquoi auraient-ils assassiné un journaliste français qu'il avait rencontré deux fois et à qui elle n'avait pas parlé.

— Prétend-elle.

Jean-Pierre Foucheroux se tut et, tout en marchant, se remémora la difficile entrevue avec Eleonore Hunt, le jeu de chat et de souris qu'elle avait mené à son terme, tout en brandissant les excuses les plus saugrenues pour expliquer le désordre de son apparence physique, la confusion de son état mental et les raisons de sa présence prolongée à Northeast Harbor. Il n'avait pas cru un mot de la petite histoire préparée à l'avance qu'elle leur avait servie, en même temps que d'exquises pâtisseries dans un salon victorien, où se lisait partout la signature de William Morris.

Elle était tombée dans son jardin la veille, leur avait-elle expliqué, ainsi qu'en témoignait une vilaine bosse à la base du crâne, qu'elle n'avait pas hésité à leur montrer, relevant, pour ce faire, d'un geste pudique mais calculé, les épais cheveux châtains qui lui arrivaient aux épaules. À la suite de cet incident, causé par un râteau imprudemment abandonné en travers d'une allée, elle s'était couchée de bonne heure et s'était éveillée le lendemain avec un affreux mal de tête, des vertiges, et des trous de mémoire. Elle pouvait cependant affirmer qu'elle avait passé la nuit d'avant avec Jun Tanaki. Une rougeur malséante avait envahi son visage aux traits réguliers quand ils lui avaient demandé si elle entretenait avec le jeune homme des rapports intimes. Elle avait baissé les yeux et répondu dans un souffle : « Oui. On peut dire que oui, je suppose. » Depuis combien de temps ? Elle resta vague. « Quelques semaines », avait-elle murmuré sans grande conviction. Et elle leur avait demandé de bien vouloir l'excuser quelques instants. Le temps d'aller chercher ses comprimés qu'elle avait laissés dans sa chambre. Ces maux de tête... Ils l'avaient laissée faire. Comment refuser à cette femme épuisée, polie à l'excès, d'une indéniable distinction, la permission d'aller prendre un inoffensif médicament ? Pendant son absence, Jean-Pierre Foucheroux s'était absorbé dans la contemplation d'un tableau de

Manuel Robbe, qui représentait deux jeunes femmes en train d'essayer des chapeaux devant le miroir d'une modiste. Le bras levé de l'une, piquant une épingle dorée dans une capeline rose, lui rappelait la grâce maladroite de Gisèle Dambert.

Quand l'auteur de *Narcissa* les rejoignit, elle avait repris des couleurs, le regard de ses yeux clairs était plus direct, sa voix revenue à la normale. À la fin de la conversation, et pour calmer des craintes qu'elle fit apparaître comme parfaitement légitimes, ils s'engagèrent à ne révéler à aucun journaliste sa présence à Northeast Harbor. Ils lui assurèrent que son ex-mari ne serait averti de rien. Ils lui promirent de ne pas informer son éditeur du fait qu'elle n'avait pas écrit la première ligne de son second roman. Comme par magie, elle avait réussi à transformer un délicat interrogatoire sur des faits précis, concernant une affaire criminelle, dans laquelle on pouvait la soupçonner d'être impliquée, en un plaidoyer passionné pour le respect du droit d'un écrivain à sa *privacy*. Elle avait prononcé le mot avec le sourire de connivence que l'on emploie entre gens cultivés qui partagent un langage commun.

En sortant de chez elle, le commissaire Foucheroux avait éprouvé la nette impression d'avoir été mené en bateau. En douceur, certes, mais tout de même roulé dans la farine. Depuis, ils n'avaient pas revu la demi-recluse qui avait pris pour prétextes ses migraines et la nécessité de travailler pour se cloîtrer dans son domaine, à l'abri des regards du monde, y compris, semblait-il, de ceux de son amant.

— Et son ex est l'un des chefs de file du mouvement « Retour aux Vraies Valeurs », dit-il à haute voix.

— Pour les autres, apparemment, puisqu'il a obtenu une annulation de son mariage, commenta ironiquement Andy. Fort éloquent à la Chambre, je dois l'admettre, et sur le point de présider une commission « Éthique et Liberté ». Margret le déteste. Elle avait espéré que les problèmes de financement de sa dernière campagne et le mini-scandale de sa séparation d'avec sa femme l'empêcheraient d'être réélu mais au contraire, ça lui a fait de la publicité. Sans parler de son livre à elle...

— Ça vaudrait peut-être la peine... commença Jean-Pierre Foucheroux.

— Non, interrompit Andrew Bradford, crois-moi, ça ne vaut pas la peine. Il s'arrêta un instant, regarda sans vraiment le voir le clocher de l'église et reprit : Il faisait partie des personnalités qui ont dénoncé bien haut la prétendue faute professionnelle de mon oncle et ont voulu faire un exemple quand son bateau s'est échoué en Alaska, avec les conséquences que tu sais pour le passage intérieur. Je ne voudrais pas qu'on croie à une vendetta familiale. Il vaut mieux laisser tomber. Allons plutôt voir ce que nous veut le révérend Simpson.

Ils frappèrent à la porte du presbytère, qui fut ouverte avec une notable réticence. En clopinant, le pasteur les fit entrer dans son bureau, bourré de livres, encombré de dossiers et aux murs décorés d'affiches aux couleurs vives, enjoignant de diverses manières d'aimer son prochain comme soi-même. Il les pria de s'asseoir sur deux fauteuils qui faisaient face à une grande table recouverte de papiers en souffrance, croisa et décroisa les doigts, se gratta la gorge et finit par annoncer :

— Je n'irai pas par quatre chemins.

Mais il utilisa nombre de circonlocutions dilatoires qui taxèrent la patience de ses interlocuteurs avant d'arriver à prononcer distinctement :

— L'argent de « Cousins dans le besoin » a disparu.

Devant l'air étonné des deux autres, il expliqua, mal à l'aise :

— Il s'agit d'une collecte spéciale en faveur des Indiens du Maine. J'avais organisé un appel de fonds pour aider à la création d'un centre culturel qui permettrait d'employer certains d'entre eux. Pour... dramatiser un peu les choses, l'argent a été recueilli dimanche de la semaine dernière dans un tambour décoré... Il se racla la gorge. Je l'avais mis dans cette armoire, poursuivit-il en désignant un grand meuble sans serrure apparente. D'habitude c'est Maud, la secrétaire de la congrégation, qui s'en occupe mais elle est en vacances. Je crains... je crains que l'argent n'ait été volé. Il fit une pause, prit son courage à deux mains et ajouta : Il y a quatre jours.

— Le jour de la mort d'Adrien Lampereur ? s'écrièrent en chœur les deux hommes qui l'avaient écouté avec la plus grande attention.

— La nuit suivante, je crois...

— Et c'est maintenant seulement que vous nous en informez ! Mon révérend !

Andy était indigné. Si on ne pouvait même plus faire confiance à l'honnêteté des bons pasteurs, où allait le monde ?

Conscient d'avoir mortellement déçu l'un de ses anciens catéchumènes, le révérend Simpson se tortilla sur sa chaise et regarda par la fenêtre une mère mouette essayer vainement d'apprendre à voler à sa couvée. Comme il partageait les frustrations qu'exprimaient ses cris de plus en plus aigus à la suite de chaque nouvel échec !

— De quelle somme parlons-nous et sous quelle forme ? s'enquit sans ambages le neveu de Ralph Bradford.

Le pasteur fournit du bout des lèvres les renseignements qu'on lui demandait.

— Et quand exactement vous êtes-vous aperçu du larcin ?

— Samedi matin, de bonne heure, avoua-t-il. J'aurais dû apporter le tout à la banque beaucoup plus tôt dans la semaine, mais j'ai eu beaucoup à faire et, comme je vous l'ai dit, la secrétaire est en vacances et je n'avais aucune raison de soupçonner...

Sa voix se brisa. Il décida qu'il était inutile de mentionner les « oublis » qui commençaient à s'accumuler et qui étaient le véritable motif qui l'avait décidé à prendre sa retraite. De petits trous de mémoire symptomatiques sur les choses récentes…

— Ah ! c'est donc pour cette raison que vous vous rendiez chez Mme Brown lorsque vous avez fait cette malencontreuse chute, interjecta Jean-Pierre Foucheroux.

Le révérend Simpson baissa la tête et ne répondit pas.

— N'est-ce pas ? insista le policier français.

— Dorothée… Mme Brown n'a rien à voir dans cette histoire, je vous l'assure, commissaire. Elle a au contraire été d'un grand secours, hum… personnel et administratif. Elle a vérifié, hum… ce qui avait besoin de l'être.

— Vous voulez dire qu'elle vous a conseillé de garder le silence sur un délit dont nous aurions dû être immédiatement avertis, pour « vérifier » elle-même si ses soupçons concernant une personne en particulier étaient ou non fondés ?

À la suite de cette sortie accusatoire, Andrew Bradford secoua la tête de droite à gauche en signe d'incrédule désapprobation.

— Y a-t-il eu effraction ? demanda Jean-Pierre Foucheroux sur un ton plus conciliant.

— Non, répondit le pasteur dans un souffle.

— Le voleur est donc un familier, en conclut le commissaire Foucheroux.

— Le voleur ou la voleuse, dit Andrew Bradford sans intonation particulière. Mais ce féminin agita fort le révérend Simpson.

— Dorothée est au-dessus de tout soupçon, s'emporta-t-il malgré lui. Andy, Dieu me pardonne… Je n'avais nulle intention de faire obstruction à la justice…

— Je ne pensais pas à Dorothée Brown mais à une

autre personne de sa famille, comme vous le savez très bien, coupa sans ménagement l'agent du gouvernement américain.

George Simpson changea de position sur sa chaise, reconnut sa défaite et expliqua, fort embarrassé, qu'il avait en effet attendu que Dorothée Brown ait effectué son enquête personnelle et conclu, après avoir longuement interrogé Ashley – ce qui lui avait demandé deux dangereuses traversées en plein brouillard –, qu'elle n'était pas coupable.

— Et vous êtes sûr qu'elle vous aurait dit la vérité dans le cas où ses conclusions auraient été différentes ? questionna Andrew, sceptique.

— Je le crois, oui, mon garçon, lui répondit le pasteur en le regardant droit dans les yeux, pour la première fois depuis le début de leur entretien. Et maintenant, si vous voulez bien m'excuser, je dois prévenir le révérend Miller à New York.

— Retour à la case départ, murmura Jean-Pierre Foucheroux, songeur, en s'extrayant avec quelque difficulté de son fauteuil.

Dehors, une bande de mouettes striait le ciel redevenu bleu de bruyants cercles ondulatoires.

20

Les trois jours qui venaient de s'écouler avaient paru interminables à Gisèle. D'abord, bien sûr, parce que chaque minute sans nouvelles de Katicha renforçait l'emprise de l'angoisse qui l'empêchait de manger, de dormir, voire de penser normalement. Le plexus solaire noué, la jeune femme s'en voulait d'une vulnérabilité archaïque qui refaisait surface, alors qu'elle s'était promis de ne plus jamais se retrouver dans cet état de morbide dépendance vis-à-vis d'autrui. Pour tenter de calmer les symptômes physiques de son désespoir, elle se répétait comme un mantra les conseils écrits par sa célèbre voisine dans ses notes au sujet des « Rencontres à travers le mur des espèces » :

« Ne t'attache pas. Ne t'attache jamais. Tu ne rencontreras dans ta vie que trop de servitudes pour t'en forger librement, et au hasard, et sans savoir où te mènera l'engagement pris. Pour le bien d'autrui comme pour le tien, ne t'attache pas. Le malheur est qu'il faut avoir été souvent et beaucoup attaché pour savoir le prix de ne pas l'être. »

Cependant, ces mots, qui l'avaient tant aidée après la désertion de Selim, semblaient avoir perdu leur charme, à la manière d'un anesthésique dont on a trop abusé.

Mais en plus, il y avait Jane, la froideur de Jane. Gisèle avait beau essayer de rationaliser ses craintes, de se dire qu'elle se trompait sans doute sur l'interprétation d'un geste, de quelques paroles sibyllines, du détournement brusque d'un regard qui la jaugeait, elle savait que la relation de transparence et de confiance établie avec son amie, dès leur première rencontre dans un couloir de l'université, était moribonde. Elle se culpabilisait de lui avoir, dans un moment de colère, laissé deviner qu'elle la considérait comme partiellement responsable de la fugue de Katicha. Alors qu'en fait, les mots avaient été lâchés en représailles contre le silence obstiné de Jane sur ses activités nocturnes.

— Si tu n'étais pas partie...

— Sa Majesté le Chat n'en aurait pas profité pour sortir, avait achevé Jane sur un ton sarcastique. Remarque, il aurait peut-être trouvé une autre excuse, à un autre moment, pour échapper à ta pesante vigilance...

— Ma pesante vigilance...

Les mots avaient choqué Gisèle et elle les répéta avec une sorte de distance dégoûtée.

— Oui, Gisèle, tu as tendance à t'inquiéter pour un rien et à ligoter en douceur. Certaines études viennent de faire apparaître un gène responsable de l'angoisse chronique. 5 HTT, je crois. Tu en as peut-être une double dose et tu devrais te faire examiner. D'ici là, Katicha sera sûrement revenu, mais tu auras vraisemblablement trouvé d'autres sources d'anxiété.

À partir de là, le verbe avait monté et elles s'étaient accusées d'incompréhension mutuelle, jusqu'à l'épuisement. Chacune était restée sur ses positions et elles n'avaient plus échangé que quelques phrases strictement utilitaires, jusqu'à ce que Jane déclare :

— Si tu n'as pas besoin de la voiture aujourd'hui, je vais la prendre.

— Pas... avait commencé Gisèle.

— Non, pas pour aller voir Ashley Brown. Tu es complètement parano. Je veux aller à Bar Harbor consulter un professeur de yoga tantrique.

Elle n'avait pas ajouté « Tu veux venir ? » et Gisèle s'était soudain sentie soulagée à l'idée d'être seule pour quelques heures à la Villa Alexis. Quelques heures où elle pourrait sangloter à son aise, cesser de surveiller ses moindres mouvements, rester à côté du téléphone ou tourner en rond si le cœur lui en disait. Ça doit être comme ça, à la fin d'un mariage, s'était-elle dit, cette violente envie d'être débarrassée de la présence de l'autre.

Mais à la fin de la journée, la solitude désirée était devenue un fardeau de plus et Gisèle s'était surprise à se demander quelle sorte d'amie elle était. Certes, elle avait accompagné de bonne grâce Jane chez un gourou bostonien pour faire des exercices de yoga hebdomadaires, s'était laissé mettre un bandeau sur les yeux pendant d'absurdes séances de relaxation au cours desquelles il lui était demandé de visualiser l'image mentale de ses orteils, d'inspirer et d'expirer au rythme ralenti d'une cithare indienne, et de partager le « om » final. Oui, elle avait suivi Jane à d'innombrables réunions de militantes en faveur de la sauvegarde de diverses espèces animales et végétales en voie de disparition – tout en se demandant parfois par-devers elle si le mâle blanc et hétérosexuel ne devrait pas être bientôt rangé dans cette catégorie. Et elle avait écouté avec une patience angélique les récriminations de Jane contre les « réacs » de son département, qui voulaient, selon elle, continuer à imposer des canons dépassés depuis des lustres et la jalousaient parce qu'elle était immensément populaire auprès des étudiants à cause de sa politique du 20/20. Elle avait écouté aussi, dans le détail, les griefs de son amie contre le malheureux Richard, accusé, entre autres, de s'être vendu à un cabinet d'avocats non politiquement correct et d'avoir, en conséquence, été victime d'une dévirilisation que sa femme n'avait pas supportée. Ils avaient donc divorcé à l'amiable pour incompatibilité d'humeur. Gisèle eut une ombre de sourire en pensant à la véritable signification de ce commode euphémisme. Elle était toujours indulgente dans sa critique affectueuse de certains excès, qu'elle mettait davantage au compte de l'Amérique qu'à celui du caractère particulier de Jane. Elle était convaincue, en revanche, que l'engouement immédiat de son amie pour la cause d'Ashley Brown lui venait d'une sympathie authentique pour tout ce qui était minoritaire, différent, exploité. Le livre qu'elle était en train d'écrire sur l'artisanat des Indiennes abenakis en était l'ultime preuve.

Un toc-toc vigoureux, à la porte d'entrée, la fit se redresser brusquement du sofa sur lequel elle méditait. « Jean-Pierre Foucheroux », espéra-t-elle. Mais son attente fut déçue lorsqu'elle vit se profiler sur le seuil la haute silhouette d'Ashley Brown, qui lui demanda, sans autre formule de politesse, à voir Jane immédiatement.

— Elle est à Bar Harbor, l'informa Gisèle en s'appliquant à ne manifester aucune surprise.

— Et elle rentre quand ?

La voix un peu voilée de la grande femme brune aux nattes serrées comme des cordes cacha presque parfaitement une déconvenue que Gisèle décela tout de même dans un fugitif battement de cils. De longs cils noirs qui frangeaient des yeux en amande un peu trop écartés au-dessus de deux pommettes saillantes, couleur de bronze. Des yeux aux pupilles insondables et vaguement menaçants.

Instinctivement, Gisèle se protégea.

— Je l'attends d'un instant à l'autre, affirma-t-elle sans hésitation. Si vous voulez revenir dans un moment…

Ashley Brown contempla ses pieds chaussés de mocassins, tapota nerveusement sa cuisse gauche, essaya de couler son regard au-delà du corps de Gisèle qui bloquait sa vue du couloir et sembla prendre une décision.

— Dites-lui que j'ai absolument besoin de lui parler. Que c'est très important. Qu'elle comprenne…

Y avait-il avertissement ou prière dans ces impératifs prononcés avec un visible effort ? Gisèle y discerna une émouvante urgence qui lui fit dire malgré elle :

— Si vous voulez l'attendre…

Elle se repentit aussitôt des mots qui lui avaient échappé et fut soulagée de voir le geste immédiat de dénégation qu'ils provoquèrent de la part de sa visiteuse.

— Elle n'est vraiment pas là, alors ?

La stupéfaction ulcérée de Gisèle dut se lire sur son visage car l'autre ajouta précipitamment :

— Elle ne vous a rien dit ?

— Non, elle ne m'a rien dit depuis trois jours, en fait. Mais si ça ne vous ennuie pas de m'expliquer, vous semblez en savoir plus long que moi.

Devant cette palpable flambée de colère, Ashley Brown retrouva instantanément l'inscrutabilité qui rendait si difficile tout contact avec elle. Comme si elle avait remis un masque, elle tendit à Gisèle, avec un tantinet de condescendance, une feuille de papier pliée en deux qu'elle avait fait soudain apparaître, à la manière des illusionnistes, entre ses doigts.

— Remettez-lui ceci dès qu'elle arrivera.

— À votre service, répliqua Gisèle, avec une touche d'ironie totalement ignorée par son étrange interlocutrice, qui sembla s'évaporer, en un clin d'œil, parmi les ombres violacées du jardin.

Ne pouvant réprimer un léger mouvement de surprise, Gisèle se cogna le coude droit contre le chambranle de la porte d'entrée. Sa main s'entrouvrit et laissa tomber, sur le seuil de la Villa Alexis, le mystérieux message qui lui avait été confié. Il tourbillonna brièvement avant de s'offrir, mis à nu, à ses regards épouvantés. Elle porta la main à sa bouche pour étouffer le cri d'effroi bien naturel qui lui était monté à la gorge et se précipita dans la maison, à la recherche du porte-documents dans lequel se trouvait, entre autres papiers dont elle ne se séparait jamais, la carte de visite sur laquelle étaient gravés le nom, l'adresse et le numéro de téléphone personnel de l'inspecteur Djemani.

Jane avait décidé de suivre la route à sens unique qui longe la côte pour rentrer à Northeast Harbor, après quelques heures régénératrices d'exercices yogistiques et de méditation transcendantale, suivies d'une délicieuse séance d'aromathérapie, qui avait fait disparaître comme par enchantement toute tension résiduelle. Elle se sentait enfin l'esprit clair en cette resplendissante fin d'après-midi. La seule chose à faire était de demander conseil à Richard.

Le brouillard avait laissé la place à des cascades de lumière dorée qui transformaient les rochers sur sa gauche en énormes pépites étincelantes, pressées les unes contre les autres et dont certaines ressemblaient étrangement aux ruines de villes disparues. « Norumbega », pensa Jane. La mythique cité que les explorateurs européens avaient vainement cherchée sur les rives du fleuve Penobscot, jusqu'à ce que Champlain mette fin à la légende en remontant à Bangor. Rien n'avait changé. La soif de l'or menait toujours le monde sous forme de billets verts, jaunes ou bleus, dont l'acquisition maniaque justifiait les plus infâmes trafics. C'était bien malgré elle qu'elle en avait surpris un, au cours de cette nuit inoubliable, où elle était passée de l'extase au dégoût le plus profond. Du bain de minuit solitaire dans les vagues accueillantes aux meurtrissures causées par la rude paroi des rochers entre lesquels elle avait à peine eu le temps de se glisser, en retenant son souffle, surprenant ainsi la rencontre secrète des nouveaux conquérants en train de comploter pour s'assurer le pouvoir, avec la collaboration de la dernière personne qu'elle eût soupçonnée de collusion. Meurtrissures de l'âme, ou plus exactement de l'ego, tout autant que du corps, qui avaient laissé Jane dans un état de confusion mentale fort inhabituel. Jane la forte n'était pas une naïve, une Gisèle. Jane la forte agissait avec détermination, soutenue par une idéologie qu'elle s'était forgée dès le berceau, en résistant aux ordres d'un père darwiniste et bien intentionné, qui avait cru sage de l'initier de bonne heure aux principes du rapport de forces et de la lutte pour la vie. Résultat, Jane avait toujours été en révolte contre l'injustice du sort qui divise, à la naissance, les êtres entre « sexe faible » et « sexe fort » et s'était toujours rangée, instinctivement, du côté de celles qu'elle percevait comme des opprimées – à commencer par sa mère. Elle avait mené, en première ligne, tous les combats féministes de son époque avec un enthousiasme qui n'avait jamais faibli. Jusqu'à cette nuit où tout avait basculé, où tout avait été remis en question. Où choisir de perpétuer ses choix était revenu à se trahir soi-même. Pas de doute, elle avait besoin des conseils professionnels de Richard...

Après avoir dépassé Seal Harbor, de luxuriants massifs de rhodora attirèrent ses regards. Domestiquées par la paysagiste Beatrix Ferrand pour le compte de John D. Rockefeller, ces azalées sauvages continuaient à pousser, selon leur caprice, en divers endroits de l'île à partir de la fin de mai. Quelques vers appris dans l'enfance revinrent à la mémoire de Jane, qui s'interdisait pourtant d'habitude toute citation provenant de textes d'un *dead white male* du genre d'Emerson !

In May when sea-winds pierced our solitudes
I found the fresh rhodora in the woods

Spreading its leafless blooms in a damp nook
To please the desert and the sluggish brook.
The purple petals, fallen in the pool [1]...

Ses inavouables réminiscences furent brutalement interrompues par la soudaine apparition d'une grande blonde qui agitait désespérément les bras au bord de la route, devant un véhicule immobilisé par une crevaison – ou une panne d'essence, se dit Jane avec un certain cynisme. Mais n'étant pas femme à laisser une de ses sœurs de misère dans le besoin, elle freina, s'arrêta juste derrière l'autre voiture et descendit prestement de la sienne avec un cordial :

— Je peux vous aider ?

— Oh, gazouilla l'inconnue à la voix un peu rauque, juchée sur des talons ridiculement hauts et le visage à demi recouvert par des boucles platine qui n'avaient rien de naturel, je crois que j'ai crevé. Si vous vouliez bien regarder...

— Je peux toujours « regarder », interrompit Jane, impatientée par ce cliché typique de femme objet, mais regarder ne servira à rien. Nous avons besoin d'une roue de secours et d'un cric.

Comme elle se penchait vers le pneu arrière gauche pour examiner l'étendue des dégâts, elle eut le temps de s'étonner : « Tiens, elle ne s'épile pas les jambes », avant qu'un chiffon à l'odeur doucereuse lui soit appliqué avec dextérité sous les narines. Précipitée dans une lente et inexorable chute en spirale, Jane s'entendit crier silencieusement : « Richard ! Richard ! »

Et ce fut tout.

---

1. En mai, quand les brises marines transperçaient nos solitudes, / Je trouvais dans les bois le frais rhododen-dron / Déployant en un humide recoin sa floraison à nu / Pour charmer le désert et le ruisseau stagnant. / Les pétales violets, tombés dans le bassin...

21

Depuis quelque temps déjà, l'*Anna Soror* faisait entendre des bruits de détresse dont la fréquence croissante n'avait pas échappé à son propriétaire. Craignant une avarie qui l'immobiliserait au large au moment le plus inopportun, Jeff Walker avait donc décidé de promener son bateau le long de la baie du Français, à différentes vitesses, pour tenter de localiser l'origine du problème. Il avait doublé Seal Harbor et remontait tranquillement en direction du Trou du Tonnerre, attentif au moindre son discordant, qui jusque-là ne s'était pas produit, quand son regard, errant sans but précis sur les rochers de la côte, fut attiré par ce qui semblait être un tas de ferraille. Les dépôts illégaux d'ordures n'étaient pas si rares qu'on aurait pu le croire, en dépit de sévères mesures prises récemment par les communes. Jeff saisit ses jumelles, les ajusta et laissa échapper un juron. Car il venait de distinguer le toit cabossé d'une voiture rouge, échouée sur un récif, et dont le piteux état était révélé peu à peu, avec le retrait de chaque vague de la marée descendante. La force de l'impact avait fait voler le pare-brise en éclats et arraché l'une des portières. Le véhicule ressemblait à une pathétique carcasse de monstre préhistorique abandonné aux forces de la nature, qui accomplissaient patiemment leur lente œuvre de destruction.

« Au moins, elle n'a pas explosé, comme l'autre », pensa Jeff. Et aussitôt après, il marmonna : « Je suppose qu'il faut que j'aille prévenir... » Sans achever de formuler ses hésitations, il fit exécuter à l'*Anna Soror*, qui ne broncha pas, un parfait demi-tour, destiné à le ramener à terre, afin de répondre, il n'en doutait pas, aux interminables questions de la police.

— Pourquoi moi ? fulmina-t-il tout haut, pourquoi moi ?

⁂

Un coup de heurtoir à la porte d'entrée tira brusquement Gisèle du mauvais sommeil dans lequel elle avait fini par tomber après avoir vainement attendu le retour de Jane jusqu'à minuit passé. Rendue furieuse par l'idée que son amie n'avait pas eu la courtoisie de lui téléphoner, pour la faire maintenant lever aux aurores, elle décida presque de faire la morte et de la laisser tambouriner en bas. Tant pis pour elle si elle avait oublié ses clés une fois de plus ! Jane était assommante, à la fin. Un coup qui lui sembla plus fort que les autres la propulsa hors de son lit. En chemise de nuit, elle descendit les escaliers et ouvrit sans douceur la porte principale de la Villa Alexis pour se retrouver nez à nez avec Jean-Pierre Foucheroux. Elle croisa instinctivement les bras sur sa poitrine, consciente du négligé de sa tenue, et allait protester contre cette intrusion inexcusable quand il lui annonça sur un ton précautionneux :

— J'ai de mauvaises nouvelles à vous communiquer, mademoiselle Dambert.

— Katicha, murmura-t-elle, arrivant à peine à détacher chaque syllabe.

— Non, répondit-il simplement. Si vous vouliez me permettre d'entrer...

Mais elle avait compris les implications de ses dénégations et resta pétrifiée sur place avant de dire dans un souffle :

— Jane...

— Allons nous asseoir, proposa-t-il en la voyant pâlir.

Et, la prenant par le coude, il la mena doucement vers le canapé du vestibule, l'y installa et lui mit sa veste sur les épaules tandis que les questions se pressaient sur ses lèvres blêmes :

— Que s'est-il passé ? Où est-elle ? Comment savez-vous...

— Elle a eu un accident de voiture, l'informa-t-il.

— Où ? Quand ?

— À côté de Seal Harbor. Hier soir.

— Elle est à l'hôpital ? C'est grave ?

Et comme il ne pouvait se résoudre à répondre, elle le secoua violemment par le bras et répéta comme une automate :

— C'est grave ?

— Très grave, lui dit-il en lui prenant la main.

Mais elle se dégagea. Elle n'allait pas se laisser circonvenir par ce messager.

— Vous ne voulez pas dire... Elle n'est pas... Elle ne put se forcer à prononcer le mot fatal. Jane... non... C'est une erreur, se reprit-elle. Je suis persuadée que c'est une erreur. Jane ne peut pas être... Elle s'interrompit à nouveau, regarda Jean-Pierre Foucheroux avec une lucidité soudain retrouvée, et le supplia : Dites-moi qu'elle n'est pas morte.

Il n'hésita qu'un instant avant de répondre :

— Sa voiture a quitté la route au sortir de Seal Harbor et s'est... Il chercha le verbe le moins brutal de la langue pour tenter d'adoucir le coup qu'il allait devoir lui porter bien malgré lui. Sa voiture est tombée sur les rochers en contrebas, acheva-t-il avec une certaine appréhension quant à l'effet qu'allaient avoir ces paroles sur la jeune femme prostrée à ses côtés.

Gisèle se cacha le visage dans les mains, resta un moment figée dans une immobilité complète puis, à la grande surprise du commissaire Foucheroux, se redressa en posant la question suivante :

— On a retrouvé son corps ?

— Non, répondit-il. Mais... mais l'état du véhicule ne permet pas de supposer que quiconque ait survécu au choc.

Il la vit frissonner.

— Mais vous n'avez pas retrouvé son corps, répéta-t-elle avec obstination.

Il se demanda quelle était la meilleure tactique à adopter pour lui faire accepter l'irrémédiable. Il avait vu tant de visages de proches des victimes avec cet air buté, ce refus de tout l'être, ce déni catégorique... Lui-même... Il opta pour la stricte vérité.

— Vous avez raison, nous ne l'avons pas retrouvé. Nous en avons conclu que la mer avait dû l'emporter. Voyez-vous, la portière du côté conducteur a été arrachée...

— Elle n'est pas morte, affirma Gisèle. D'ailleurs, comment êtes-vous sûr que c'est sa voiture ?

— La plaque d'immatriculation était intacte, expliqua-t-il patiemment. MLF 68.

Gisèle fit une dernière tentative.

— Comment savez-vous que c'était elle qui était au volant ?

Jean-Pierre Foucheroux resta un instant silencieux avant de reprendre :

— Il se trouve que des enfants s'amusaient à noter toutes les plaques d'immatriculation étrangères à l'île et les conducteurs des véhicules... Malheureusement... Et Jeff Walker, qui nous a avertis, nous a déclaré que votre amie ne prêtait jamais sa voiture.

— Je vous dis qu'elle n'est pas morte, hurla Gisèle en se levant brusquement, comme mue par une force incontrôlable. Il se leva également, prêt à parer à toute éventualité, tandis qu'elle poursuivait d'une voix haletante : Il faut me croire. C'est... c'est comme pour Katicha... Jane n'est pas morte...

Sa voix s'étrangla et, sans pouvoir se retenir, elle se jeta contre lui et s'accrocha à son cou comme à une bouée de sauvetage. Il referma ses bras sur les frêles épaules secouées de sanglots hystériques, lui caressa gauchement les cheveux, et murmura des mots de consolation qui ne la calmèrent qu'au bout de plusieurs minutes. Plusieurs minutes au cours desquelles Jean-Pierre Foucheroux passa par toute une gamme de sensations impitoyablement refoulées par son corps et par son esprit depuis la mort de sa femme, et qu'il éprouva, en accéléré, comme s'il s'était soudain dédoublé. Le cruel sentiment d'irréparable séparation qu'il ressentit lorsqu'elle se détacha de lui fut si violent qu'il ne protesta même pas lorsqu'elle conclut, à travers des larmes qui l'enlaidissaient à peine :

— Nous allons la retrouver.

Encouragée par son silence, elle ajouta :

— Je dois vous avouer quelque chose...

***

En bordure de mer, Lucien Walker faisait son footing quotidien, aussi indifférent à la parfaite harmonie de couleurs du ciel et de l'eau qu'à la qualité transparente de la lumière, qui avaient retenu l'attention de si nombreux pastellistes. Accoutumé qu'il était, depuis son plus jeune âge, à la beauté naturelle des lieux, il ne songeait pas plus à la louer que le Londonien de base à se plaindre de la pluie en automne. Sa préoccupation du moment était de maintenir dans le meilleur état possible son corps maigrelet, qui n'avait guère pour lui que sa jeunesse. L'emploi sédentaire qu'il avait choisi n'allait sûrement pas contribuer à son épanouissement ! Il enviait les corps artificiellement musclés des jeunes gens des villes qui allaient s'entraîner au gymnase et se faisaient un plaisir de montrer leurs biceps sur les plages de l'île, avec la fausse nonchalance des professionnels de l'exhibition. Après les nécessaires exercices d'échauffement, une certaine euphorie avait gagné le jeune postier, au fur et à mesure que ses jambes gringalettes lui faisaient gagner de la vitesse. Il ajusta sa respiration à un nouveau rythme qui lui procura graduellement un agréable et rarissime sentiment de contrôle sur lui-même et le monde.

Il croisa Ted Merinovsky, qui effectuait un spectaculaire jogging dans l'autre sens, habillé à la dernière mode et conscient de sa supériorité de New-Yorkais, tant en ce qui concernait la tenue de rigueur (short blanc et polo rayé, cette saison) que l'obligatoire respect des plus récents conseils de « l'entraîneur » en vogue à la télévision au sujet de l'enchaînement correct des mouvements. Comme si marcher et courir n'étaient pas les gestes les plus naturels du monde ! Ils échangèrent un bref salut au moment précis où ils se rencontrèrent et chacun poursuivit sa trajectoire sans accorder une pensée à celle de l'autre. Et pourtant, à quelques secondes près, à un infléchissement minimum de leurs courses respectives sur le sable, c'eût été aux pieds du promoteur et non de l'adolescent que la mer aurait recraché une disquette bleue qui allait changer le cours de plusieurs existences.

Du haut de « la promenade du capitaine » qui couronnait gracieusement sa demeure, Eleonore Hunt contemplait, solitaire, l'horizon, comme l'avaient fait avant elle des générations de femmes de marins. Avec la différence qu'elle n'avait rien ni personne à attendre. Elle rejeta la tête en arrière, aspirant à longs traits l'air revigorant du matin, et laissa la brise soulever légèrement ses cheveux et faire flotter les pans de son kimono. Les dragons en satin brodé semblèrent soudain prendre vie. Elle se demanda une fois de plus par quels mots commencer son second livre. Il fallait absolument, absolument qu'elle écrive. Le temps pressait, en dépit des résultats encourageants des dernières analyses médicales que le laboratoire lui avait envoyés sur l'habituel papier bleu. Mais il fallait aussi trouver le courage de renoncer au commode pseudonyme. La conversation qu'elle avait eue avec Adrien Lampereur à ce sujet, cette conversation qui avait tourné à la dispute, lui avait ouvert les yeux. Ou bien étaient-ce les événements qui avaient suivi ? Toujours est-il qu'elle savait maintenant ce qu'elle avait à faire… Il ne lui restait plus qu'à trouver comment. Et consentir au sacrifice de la tendre Narcissa, jeter en pâture au public… Congreve avait raison. *Heaven has no rage like love to hatred turned Nor Hell a fury like a woman scorned*[1]. Les paroles se détachèrent de ses lèvres et semblèrent rester suspendues dans l'air cristallin comme les doubles croches d'une mauvaise partition.

Eleonore ramena ses regards sur la terre et suivit, de loin, la progression monotone de Lucien Walker. Elle le vit croiser un autre fanatique de la gymnastique matinale, puis, quelques instants plus tard, s'arrêter, se baisser, ramasser quelque chose sur la plage, et repartir de plus belle. Comme elle tournait la tête vers la gauche, elle aperçut également, comme en miniature, à cause de la distance, la silhouette caractéristique du commissaire Foucheroux qui lui sembla sortir du jardin de Petite Plaisance ou de la Villa Alexis.

Le fragile et précieux moment de *satori* s'autodétruisit.

En frissonnant, elle redescendit les marches.

---

1. Le ciel n'a point de rage comme celle de l'amour en haine transformé / Ni l'enfer de furie comme femme dédaignée.

22

Alors qu'il rentrait dans la maison de Ralph Bradford, le commissaire Foucheroux l'entendit s'exclamer :

— Nom de nom ! Le voilà qui recommence. Mais c'est un danger public, ce bonhomme !

Il trouva le capitaine dans la pièce vitrée qui donnait sur la mer, en train de calmer de la main une Valentine alarmée par ces éclats de voix intempestifs, mais toujours dressé sur le bord de son fauteuil, devant un journal ouvert à la rubrique « Arts et Spectacles ». L'objet de son courroux était un article malveillant que Robert Spaldini avait commis la veille, dans le but de décourager les clients potentiels d'un restaurant qui venait d'ouvrir sur les rives du Lac de l'Aigle.

— Vraiment, c'en est trop ! fulmina le vieil homme en tapant du poing dans la page incriminée avant de la tendre à Jean-Pierre Foucheroux. Tenez, lisez…

« *La Mare de Lucullus* vient d'ouvrir ses portes pseudo- antiques en bordure du Lac de l'Aigle : la vue y est maintenant gâchée par un décor prétentieux, un service lent et compassé, une carte de vins européens aux noms imprononçables et des plats sans le moindre intérêt pour le palais. Que nos lecteurs en jugent… »

Suivait la description sarcastique du menu, des défauts de l'argenterie, du manque d'élégance de la vaisselle, du mauvais choix de la musique de fond, de la raideur du linge de table et des faux pas du sommelier…

— C'est un compte rendu subtilement dévastateur, en effet, reconnut Jean-Pierre Foucheroux. Mais vous croyez vraiment qu'il aura une si grande influence ?

— Je peux vous affirmer que cet individu fait et défait les réputations des restaurateurs à sa guise. C'est la terreur des hôteliers. Ses coups de plume arbitraires ont conduit au suicide…

Ralph Bradford s'interrompit au milieu de cette tirade.

— Pardonnez-moi. Vous avez mieux à faire qu'à écouter les récriminations locales…

— Il faut surtout que tu rappelles ta sœur et ton inspecteur dans les meilleurs délais. Tu es populaire, ce matin, dit Andrew qui les avait rejoints.

Devant l'air soucieux de son ami, il demanda à mi-voix :

— Comment Mlle Dambert a-t-elle pris les choses ?

— Avec scepticisme, répondit Jean-Pierre Foucheroux. Elle s'accroche à l'idée que tant qu'on n'a pas retrouvé le corps… Elle n'a pas tout à fait tort, dans un sens.

— Qu'est-ce que tu veux dire ?

— C'est vrai qu'on n'a pas de témoin oculaire certifiant que Jane O'Flynn était dans la voiture au moment de la chute du véhicule.

— Mais enfin, c'est sa voiture, on a retrouvé son sac, tu as pu constater toi-même l'état dans lequel…

— Je sais, Andy, je sais. Mais d'un autre côté… J'ai des informations assez troublantes à te communiquer…

— Allons dans le bureau, coupa Andrew.

Et laissant le capitaine à l'éprouvante lecture de son journal, ils allèrent s'installer dans la pièce contiguë, nouvellement équipée de moyens modernes de communication, où Jean-Pierre Foucheroux expliqua :

— Gisèle m'a confié avoir reçu hier soir la visite d'Ashley Brown. Elle voulait parler à Jane O'Flynn.

— Il n'y a rien là de bien étonnant, constata Andrew, tout en tiquant intérieurement sur l'emploi familier du prénom d'une des suspectes. J'ai cru comprendre qu'elles partageaient les mêmes opinions sur l'exploitation éhontée des minorités...

— Ce n'est pas le moment de plaisanter, je t'assure, coupa le commissaire Foucheroux en lui jetant un regard noir. Avant de repartir, Ashley Brown a laissé un message pour Jane O'Flynn, un avertissement en quelque sorte. Il s'agit du signe distinctif dont certaines tribus indiennes marquaient le territoire de leurs ennemis avant de les attaquer. Gi... Mlle Dambert l'a reconnu sur la feuille de papier parce que son amie venait justement de terminer un chapitre sur la violence rituelle et lui avait parlé de ce motif de cercles bleus et de points rouges... Elle m'a fait voir...

— Si elle a perçu ce message comme une menace de mort, elle aurait pu prévenir la police, Mlle Dambert, s'impatienta Andrew Bradford.

— Oh! Elle l'a fait, soupira Jean-Pierre Foucheroux.

— Elle l'a fait? Pourquoi diable n'en avons-nous pas été informés? Cette affaire est la mienne, que je sache.

— Elle a prévenu la police française. Elle a contacté Leila Djemani.

— À Paris? Mais elle est folle ou quoi, ta Gisèle Dambert? explosa Andy. Comment peut-elle croire que ton inspecteur va pouvoir l'aider de Paris? Pourquoi ne nous a-t-elle pas appelés?

— C'est à cause du chat...

Devant la stupéfaction qui privait temporairement son ami de l'usage de la parole, le commissaire Foucheroux expliqua, contrit :

— Nous avons eu un... différend à propos de son chat, l'autre matin. Elle n'a trouvé ni l'efficacité ni le, hum… réconfort qu'elle attendait quand elle a appelé pour signaler sa disparition…

Andrew secoua la tête de droite à gauche, faillit se laisser aller au sarcasme, se retint juste à temps et leva les yeux au ciel en marmonnant une des phrases favorites de la nourrice de Tim : *Lord! Give me patience*. Mais il ne put s'empêcher de dire avec un brin de surprise :

— Et ton inspecteur ne t'a pas prévenu, elle, immédiatement ?

Implicite, le reproche piqua Jean-Pierre Foucheroux au vif.

— Je suppose que c'est la raison pour laquelle elle a téléphoné ce matin. Je devrais peut-être lui demander de venir…

— Tu ne crois pas que la situation est déjà assez compliquée comme ça ? Est-ce que c'est vraiment la peine d'en rajouter ?

— Peut-être pas, effectivement, concéda Jean-Pierre Foucheroux avant de décrocher le combiné du téléphone pour appeler Paris.

Rien qu'à l'inflexion particulière dont fut prononcé « Allô, inspecteur Djemani », il devina que sa collègue était dans un état de grande tension et décida de lui faciliter les choses.

— Leila, bonjour. Je viens de parler à Gisèle Dambert. Je pense que c'est la raison pour laquelle vous avez essayé de me joindre un peu plus tôt… Il fit une pause, juste assez longue pour permettre à sa correspondante d'insérer une confirmation, qui ne vint pas. Il se raidit un peu. Il y a eu de nouveaux développements, poursuivit-il d'un ton égal.

Et il lui fit le résumé succinct de la situation. Avant de raccrocher, cependant, il lui suggéra de vérifier auprès de Marc Lemercier si les documents dont l'envoi avait été annoncé par Adrien Lampereur étaient ou non arrivés.

Furieuse d'avoir été rappelée à l'ordre, consciente

d'avoir tergiversé trop longuement avant de faire part à son supérieur hiérarchique de l'appel téléphonique d'une des personnes impliquées dans l'affaire dont il s'occupait, Leila Djemani donna du plat de la main, sur sa table de travail, un coup si violent que des trombones voltigèrent, une gomme prit la fuite et deux stylos roulèrent sur le tapis. « Bien joué, Mlle Dambert », siffla-t-elle entre ses dents serrées. Mais elle était assez lucide pour savoir que c'était contre ses propres sentiments qu'était, en vérité, dirigée sa colère.

Andrew Bradford s'était discrètement éclipsé durant la conversation et jouait avec Valentine dans l'entrée. Elle avait des talents musicaux et n'aimait rien tant que de presser avec ses pattes de devant un accordéon miniature en caoutchouc qui produisait une étrange mélopée, tenant du cri perçant et du borborygme !

— Tu as raté ta vocation. Tu aurais dû être chienne de cirque, Valentine ! lui disait-il avec une affection amusée au moment où Jean-Pierre Foucheroux ressortit du bureau. Et levant les yeux vers son ami : Tu as eu Marilys ?

— Je l'appellerai plus tard, répondit Jean-Pierre Foucheroux, avec le geste de quelqu'un qui diffère une corvée.

Ça lui ressemblait si peu qu'Andrew hésita à continuer :

— On devrait sans doute aller interroger Ashley Brown. Puisque la vedette des gardes-côtes est à notre disposition, pourquoi ne pas lui faire une visite surprise ? Tu as le... dessin en question avec toi, je suppose.

— Oui. Espérons qu'on aura plus de chance qu'avec M. Merinovsky, répondit Jean-Pierre Foucheroux sur un ton bourru.

L'entretien qu'ils avaient eu la veille, après bien des difficultés, avec le promoteur avait tourné en jeu de cache-cache exaspérant. Il avait eu réponse à tout, même à sa curieuse visite dans la chambre d'Adrien Lampereur. En fait, il avait devancé leurs questions sur le sujet, en disant combien il avait été fréquent que le journaliste l'appelât, à toute heure du jour et de la nuit, pour lui demander conseil, sachant qu'il souffrait, comme lui, d'insomnies chroniques.

23

Jane eut d'abord conscience d'un brouhaha indistinct de voix inconnues, de voix masculines qui s'entrecroisaient avec une certaine irritation, sur un arrière-fond de roulement de vagues sonore et ininterrompu. La seconde sensation qu'elle identifia fut celle d'une entrave générale de son corps, et, simultanément, d'une extrême difficulté à ouvrir les yeux. Elle s'y força pourtant et son regard désorienté rencontra l'angle d'un banc de sable et d'une paroi de granit. Brutalement, une nausée qui n'avait rien d'existentielle la secoua tout entière, son estomac se révulsa, la bile lui remonta dans la gorge et pendant quelques horribles secondes elle eut l'impression d'être au bord d'une inévitable mort par auto-étouffement. Mais le corps a sa mémoire. Et, traversant les années, elle se souvint d'avoir éprouvé exactement le même inconfort au réveil de l'anesthésie générale qui avait précédé une hâtive mais nécessaire appendicectomie à l'hôpital de Boston, le jour de ses quinze ans. L'écœurement était le même que celui qui aurait fait suite à une excessive consommation de gâteau au chocolat. La différence, cependant, résidait dans le fait qu'elle était alors entourée de visages amis, étendue sur un lit immaculé, alors qu'elle se trouvait maintenant pieds et poings liés, jetée à même le sol comme un vulgaire sac de pommes de terre, et sans avoir la moindre notion d'où elle se trouvait ni en compagnie de qui. Dans la pénombre d'une grotte, lui semblait-il. Elle tenta de se redresser mais ce simple mouvement provoqua une telle révolte de son système digestif qu'elle s'immobilisa aussitôt, pantelante, et resta couchée sur le sable granuleux dont la fraîcheur humide n'avait rien de rassurant. Incapable de bouger, elle concentra son attention sur les bribes de conversation qui lui parvenaient par intermittence. Une conversation à trois voix, dont la teneur générale lui échappait mais dont le ton indiquait des divergences certaines de points de vue.

... « assurer d'abord le transfert de la cargaison », entendit-elle par deux fois.

... « de qui va payer », répétait une voix angoissée, plus jeune, plus impatiente, qui lui rappela absurdement le timbre de l'un de ses étudiants.

Un fragment de question posée par quelqu'un d'autre la glaça :

... « surtout, comment se débarrasser d'elle ? »

Elle. Elle ? Moi, pensa-t-elle. Moi. Ils veulent se débarrasser de moi. La peur lui redonna des forces. Au prix de mille efforts, entre deux spasmes, elle roula sur elle-même pour se mettre en position parfaitement horizontale, remarqua, ce faisant, un étroit pan de ciel bleu juste au-dessus de sa tête, et, s'aidant des aspérités du rocher, réussit à s'asseoir. La corde qui lui enserrait les poignets entra un peu plus dans la chair nue, provoquant une sensation de brûlure intense qu'elle tâcha d'ignorer. Elle se récita une pensée de Marc Aurèle, que son père affectionnait particulièrement : « Rien n'arrive à personne que la nature ne l'ait fait capable de supporter. » Elle se répéta : « Songe que tout n'est qu'opinion et que l'opinion elle-même dépend de toi. » Mais il était indéniable que son tee-shirt à manches courtes n'avait pas été prévu pour ce genre d'expédition et que son blue-jeans était déchiré au genou. Ses espadrilles avaient disparu et ses chevilles étaient attachées par le même type de corde que celle qui retenait ses poignets prisonniers. Avec le même type de nœud. Elle contempla ses pieds nus et gonflés. Mauvais signe, les pieds nus pour les femmes dans certaines religions orientales, ne put-elle s'empêcher de penser. Signe de mort.

Les voix s'étaient tues.

Pendant quelque temps, Jane ne distingua plus que des bruits de pas étouffés. Dans un roman populaire, se dit-elle, l'héroïne frotterait contre le rocher la corde jusqu'à ce qu'elle cède, lui permettant de retrouver instantanément l'usage de ses membres endoloris avant de se précipiter, triomphante, vers de nouvelles aventures. Mais, hélas ! elle n'était pas l'héroïne d'un roman d'aventures. Ni superwoman. Juste une féministe qui en savait trop et dont des machos complotaient de se débarrasser pour protéger les petits intérêts d'encore plus macho qu'eux. Eh bien, ça n'allait pas se passer comme ça. Un sursaut de révolte, qui était chez elle le symptôme le plus fréquent du désir de survie, lui permit de pratiquer, délibérément, de salutaires exercices de respiration, en dépit de sa position peu propice à la détente. Elle finit par atteindre un point d'équilibre où l'échange entre elle et le monde cessa d'être douloureux et, adossée au roc, elle ferma les yeux pour savourer cette mince victoire. Elle repassa dans son esprit la séquence des événements qui avaient abouti à son enlèvement. Car il fallait bien appeler les choses par leur nom. Elle avait été enlevée à cause de ce qu'elle savait. Enlevée par un travesti ! Comme elle avait bien fait de ne rien confier à Gisèle. C'eût été la mettre en danger. D'un autre côté, si elle avait alerté son amie sur le sale trafic dont elle avait surpris les improbables acteurs au cours de sa fugue nocturne, elle aurait maintenant quelque chance d'être secourue.

Son silence risquait de lui coûter la vie !

Son silence et l'absurde et farouche détermination de ménager à Ashley Brown une porte de sortie. Une étroite mais honorable porte de sortie.

Un imperceptible frôlement sur son bras gauche lui donna brusquement la chair de poule. Elle ouvrait la bouche pour crier quand son regard épouvanté tomba sur la misérable boule de poils responsable de sa panique. Malgré une oreille droite en lambeaux, un œil à demi fermé, elle reconnut, amaigri, Katicha. Son soulagement fut tel qu'elle le laissa se frotter contre elle. Le résultat ne se fit pas attendre : ses allergies revinrent en force, ses yeux se mirent à larmoyer et elle ne put réprimer un retentissant éternuement qui lui sembla se répercuter, comme un coup de tonnerre, sur les murs du cachot naturel dans lequel elle était enfermée. Le chat, blotti contre elle, fut pris d'un étrange tremblement.

— Va-t'en vite, Katicha, le pressa-t-elle à mi-voix, en le repoussant avec autant de fermeté que possible. Va-t'en vite, sinon ils vont te tuer toi aussi.

Comme s'il avait compris le danger qui les menaçait, l'animal bondit en avant et se faufila silencieusement dans une fissure de la paroi rocheuse juste avant qu'apparaisse la silhouette massive d'un scaphandrier.

Repliée sur elle-même, Jane resta coite, priant intérieurement un Dieu en qui elle croyait depuis belle lurette ne plus croire du tout, de l'épargner. « Notre Mère qui êtes aux cieux… » commença-t-elle.

⁂

Lucien Walker venait de se changer et s'apprêtait à aller travailler, quand, le cheveu blond en bataille, l'air accusateur, sa sœur Kate lui barra le chemin.

— Tu as reparlé à papa ? lui demanda-t-elle sur un ton belliqueux.

— Toujours pas. Je n'ai pas trouvé le bon moment.

— Tu avais promis…

Lucien soupira. C'est vrai, il avait promis de faire une ultime tentative pour persuader leur père de laisser Kate prendre la relève. Mais toute conversation avec lui tournait immanquablement à la dispute, dès qu'on prononçait le nom de son sacré bateau.

— Sois patiente, Kate. Il a des soucis, en ce moment. Tu sais bien, avec cette histoire d'accident…

— Toujours de bonnes excuses, coupa la jeune fille. C'est bien simple, s'il refuse de me faire confiance, je vais travailler pour oncle Fred. Il me prendra, lui. Prépare-toi à un feu d'artifice quand je vais annoncer ça ce soir.

Et elle tourna résolument les talons, sa queue de cheval battant l'air autour d'elle et créant une aura de turbulence.

Lucien se demanda s'il ne devrait pas braver les foudres paternelles et exprimer un soutien inconditionnel à la décision de sa sœur. Leur père avait tendance à les traiter comme des gamins irresponsables. Mais ils n'étaient plus des enfants. Les temps avaient changé. Ils devaient constamment choisir, faire face, décider. Tiens ! comme ces lettres dans le dossier des attentes. C'était de lui, Lucien, que dépendait finalement leur destin. Du fait qu'il décide ou non de fermer les yeux sur quelques grammes de trop, quelques centimes d'affranchissement de moins. Et ce disque que l'océan avait déposé sur sa route comme un cadeau empoisonné. Qu'en faire maintenant qu'il l'avait ramassé ? Le jeter ? En parler à son père ? Le communiquer à la police ? Lucien palpa le petit carré aplati dans la poche de son blue-jeans et eut une idée lumineuse : il irait d'abord essayer de le lire sur l'ordinateur de la bibliothèque municipale. Ça lui donnerait une excellente occasion de faire l'important auprès de Melissa, la nouvelle employée, dont le pur profil le faisait rêver depuis un mois.

En sifflotant, il gagna le bureau de poste qu'il ouvrit avec seulement deux minutes de retard.

Entre deux clients, ce matin-là, il sortit avec détermination le classeur où gisaient des lettres en souffrance, en choisit trois et, d'une série de coups de tampons appliqués avec plus de force que nécessaire, les expédia à leurs destinataires respectifs, avec la délicieuse impression de faire un pied de nez symbolique à son père, qui ne contrevenait, lui, jamais à rien.

À l'heure du déjeuner, il se rendit au charmant cottage qui abritait la bibliothèque, régala Melissa de ses exploits du jour et se trouva fort penaud lorsque l'ordinateur qu'elle avait mis en marche pour lui refusa de lire la disquette qu'il enfonça de plus en plus férocement, par trois fois, dans la fente adéquate. À la quatrième, une petite bombe apparut en haut, à gauche, sur l'écran. Avec une compétence glacée, Melissa éteignit prestement l'appareil et suggéra à Lucien d'aller exercer ailleurs ses talents de pseudo-détective et d'informaticien manqué.

Vexé comme un pou, Lucien Walker fit un détour par le poste de police pour aller déposer l'objet de sa honte entre les mains des autorités locales, affirmant à Jack Griffith, qui le félicitait de son surprenant civisme, qu'il désirait seulement aider la police dans son enquête. En effet, expliqua-t-il avec brio, la disquette étant clairement d'origine européenne et incompatible avec les ordinateurs américains, il en avait déduit qu'elle appartenait sans doute au journaliste assassiné.

Après avoir lui-même vérifié l'impossibilité qu'il y avait à lire le document informatique endommagé par son séjour en eau salée, Jack Griffith remercia profusément Lucien, le reconduisit à la porte et, dès qu'il fut parti, sauta sur son téléphone.

Le jeune homme prit le chemin du bureau de poste, le sourire aux lèvres. Il imaginait la stupéfaction admirative de Melissa quand elle lirait en première page de *La Gazette des Monts-Déserts* :

« Énigme résolue grâce à l'ingénuité d'un employé des postes. »

Sans parler de la fierté de son père… Il se demanda quelle photo il donnerait au journal pour illustrer l'article louangeur qui ferait de lui un héros local et lui vaudrait sans nul doute le retour des faveurs de sa bien-aimée Melissa.

24

Andrew Bradford et Jean-Pierre Foucheroux abordèrent l'île aux Canards avec la nette impression d'être épiés, de loin. Le bateau d'Ashley Brown était sagement ancré à sa place habituelle. Sa maison, adossée au bas d'une colline, avait vaguement l'air d'une arche aux aguets. Portes et fenêtres semblaient barricadées. Sur la gauche, des rangées de légumes occupaient un carré défriché, qu'arrosait à intervalles réguliers un tuyau vert percé de mille trous, créant une féerie de minuscules arcs-en-ciel dans la lumière matutinale.

Alors qu'ils s'apprêtaient à monter les trois marches qui menaient à la porte d'entrée, ils entendirent une voix surexcitée crier de l'intérieur :

— Qui êtes-vous ? Que voulez-vous ?

— Agent Bradford et commissaire Foucheroux. Nous aimerions parler à Ashley Brown.

— Elle n'est pas là.

Les mots furent jetés avec hargne.

— Si vous voulez bien nous ouvrir, Willy, car c'est bien à William Brown que nous avons l'honneur, n'est-ce pas ? dit Andrew Bradford, sur le ton le plus officiel qu'il puisse maîtriser sans sourire.

— En personne, en chair et en os et en... fermé, comme d'habitude.

Un petit rire sardonique accompagna ces paroles.

— Vous ne pouvez pas sortir ?

— Non, je vous dis qu'elle m'a enfermé. Enfin, qu'elle croit. J'ai mes techniques...

— Vous pouvez sortir, alors.

— Si je veux.

— Mais vous ne voulez pas ?

— Ça dépend. Elle m'a interdit de parler à qui que ce soit, sinon, couic, piqûre. Mais elle ne devrait pas m'enfermer. La dernière fois qu'elle m'a enfermé, j'ai tout cassé. Elle n'était pas contente.

Le petit rire maniaque se fit à nouveau entendre.

— Si vous enlevez la barre, je pourrai sortir.

Les deux hommes échangèrent un regard dubitatif. Ils avaient remarqué la lourde plaque transversale qui bloquait l'ouverture de la porte de l'extérieur et les grillages aux fenêtres.

— Qu'est-ce qu'on risque ? murmura Jean-Pierre Foucheroux.

— Des ennuis, je suppose, mais ça vaut la peine, répondit Andy à mi-voix tout en dévissant un des écrous qui tenaient la barre en place. Laisse-moi faire, ajouta-t-il, alors que son compagnon esquissait un geste pour l'aider. Il vaut mieux qu'un seul d'entre nous soit impliqué dans cette effraction !

— Vous m'ouvrez, alors ? Vous m'ouvrez ? cria à tue-tête la jeune voix tendue et incrédule.

Dès qu'Andrew Bradford eut poussé le battant, un jeune homme pieds nus, vêtu d'un vieux blue-jeans et d'un tee-shirt blanc, jaillit comme une flèche de l'intérieur de la maison, dévala l'escalier à toute allure et se mit à exécuter une ronde frénétique et bruyante, poussant de grands cris accompagnés de gestes saccadés qui voulaient visiblement imiter, par pure malice, les « danses » indiennes qu'on peut voir dans trop de mauvais films hollywoodiens.

Tout d'un coup il s'arrêta net, les regarda fixement et leur dit sur un ton qui contrastait comiquement avec sa tenue et son attitude précédente :

— William Haworth Brown, etc. Enchanté de faire votre connaissance.

Et il éclata de rire.

« Sous l'influence d'une substance quelconque », en conclurent immédiatement les deux policiers. Mais ils ne laissèrent rien paraître de leur déduction, pas plus que de leur étonnement devant la beauté classique du visage de l'adolescent. « C'est la copie, trait pour trait, de cette statue que Clotilde avait tant admirée au musée d'Eleusis », se dit le commissaire Foucheroux avant de pouvoir réprimer le douloureux souvenir de la disparue. Il fallait agir. Il tendit la main au jeune homme pour vérifier la température de sa peau.

— Jean-Pierre Foucheroux, lui dit-il en se forçant à sourire.

La chair était moite et la poignée de main incertaine.

— Et je suis moi aussi très heureux de vous rencontrer, monsieur Brown, interjecta Andrew Bradford, parfaitement conscient de ce que faisait son collègue. Nous avons déjà eu un entretien avec votre mère mais nous n'avons pas eu le plaisir de vous voir à cette occasion. Vous étiez souffrant, nous a-t-elle dit.

Willy se balançait d'une jambe sur l'autre, les yeux fixés sur le sol.

— C'étaient les voix, chuchota-t-il comme en confidence.

— Les voix ? répéta Andrew Bradford.

— Oui, les voix qui me parlent et qui me disent ce qu'il faut faire.

— Ah ! ces voix-là, intervint doucement Jean-Pierre Foucheroux. J'avais un ami qui les entendait aussi.

— Vraiment ? dit Willy, intéressé, relevant la tête pour planter son regard dans celui du commissaire qui nota à quel point ses pupilles étaient dilatées et de quel éclat artificiel brillaient ses yeux bleus.

— Vraiment. Mais elles n'étaient pas toujours de bon conseil.

Ce n'était que trop vrai, hélas ! Un de ses camarades

de lycée, après avoir lutté en vain contre les démons tenaces de la maniaco-dépression, avait fini par se pendre, le jour de sa vingtième année.

— Oh ! je sais. Des fois elles me font peur, admit Willy.

Et, par jeu, il se mit à trembler de tout son corps, à rouler des yeux et à claquer des dents. Il cessa aussi soudainement qu'il avait commencé et reprit, avec le plus grand sérieux du monde :

— Votre ami devrait aller voir le docteur Simon, à Boston. Il fait partir les voix avec des piqûres. Elle m'y emmène de temps en temps.

Du large, leur arriva le son lugubre d'une trompe.

— Chic ! un naufrage ! On s'assied ? proposa Willy en se laissant tomber sur le sol et en prenant sans plus attendre la position du lotus.

Andrew Bradford choisit la plus basse marche de l'escalier et Jean-Pierre Foucheroux négocia une difficile position assise pour être au même niveau que l'étrange jeune homme.

— Ce n'est pas ma mère, chantonna-t-il soudain, en un des *non sequitur* dont il semblait avoir le secret. Ce n'est pas ma mère.

Confondus par cette assertion, ses deux auditeurs ne bronchèrent pas.

— Vous ne me croyez pas ? dit Willy avec un vilain sourire qui tordit ses lèvres parfaites en une sorte de rictus. J'ai vu les papiers.

Comme les deux autres ne répondaient toujours pas, il se fâcha :

— Je sais lire ! Je vous dis que j'ai vu les papiers. C'est pour ça que je veux aller à Washington. Mais elle n'est pas au courant. Vous ne le lui répéterez pas, surtout... Je vous dis tout ça parce que vous m'avez ouvert la porte et que vous pouvez peut-être m'aider.

Il se leva d'un bond.

Andrew Bradford fit de même.

— Ce n'est peut-être pas une bonne idée de partir

sans prévenir, lui fit-il remarquer d'un ton neutre. Et vous auriez besoin d'argent pour le voyage.

— Oh ! je sais que j'ai besoin d'argent. Je me suis déjà occupé de ça, vous pensez bien, rétorqua Willy, condescendant.

— Et vous voulez aller à Washington pour voir votre... mère ? demanda Jean-Pierre Foucheroux, qui s'était lentement remis debout.

— Peux pas, répondit Willy en pinçant les lèvres. Peux pas. Elle est morte. Entre vous et moi, je crois que c'est l'autre qui l'a tuée.

Il ponctua cette révélation inattendue avec un hochement significatif de la tête et ajouta à voix basse :

— Ce n'était pas un accident. J'ai vu les coupures de journaux. Elles étaient avec les autres papiers et mon extrait de naissance. Et il y a aussi des lettres, plein de lettres...

Il prit l'air entendu d'un conspirateur de mélodrame.

— Et où sont-ils, ces papiers ? demanda Andrew Bradford, laissant percer un tantinet d'impatience dans sa voix.

Willy porta son index gauche à sa bouche et murmura :

— Chut ! Chut ! Mystère et boule de gomme !

— Willy, intervint Jean-Pierre Foucheroux, tâchant de renouer tant bien que mal un des fils de cette conversation de fous, pourquoi voulez-vous aller à Washington ?

— Pour voir mon père, bien entendu. Je vous parie qu'il n'est même pas au courant de mon existence. L'autre a tout manigancé. Elle a tué ma mère pour se venger, vous comprenez...

Jean-Pierre Foucheroux et Andrew Bradford se consultèrent du regard. Étaient-ils devant un cas de paranoïa aiguë ? Quel crédit accorder aux divagations d'un être visiblement instable qui prétendait entendre des voix ? Y avait-il autre chose ? Le commissaire Foucheroux essaya un nouvel angle d'attaque.

— Je suis désolé pour votre mère. Je vous présente toutes mes condoléances. Comment s'appelait-elle ?

Willy renifla.

— Je ne l'ai pas connue, évidemment. À cause de l'autre. Celle dont je ne veux pas dire le nom parce que ça risquerait de la faire revenir. Elle s'appelait Jane. Jane Haworth Charles. Elle était blonde, comme moi. J'ai vu sa photo.

Il prit le silence des deux hommes qui l'écoutaient maintenant avec attention pour de l'incrédulité et se mit à chanter à pleins poumons :

— Jane... Jane... Jane... Jane et William... Jane et William.

Il exécuta une curieuse pirouette qui l'amena tout près de Jean-Pierre Foucheroux. Il se pencha vers son oreille et murmura assez fort pourtant pour qu'Andrew Bradford l'entende aussi :

— William Jonathan Hunt, mon père. Il n'y avait pas de photo mais j'ai bien lu : William Haworth Hunt, né de William Jonathan Hunt et de Jane Haworth Charles. C'est pour ça que je veux aller à Washington, où il habite, acheva-t-il d'un air triomphant. Et comme en proie à une inspiration soudaine, il se frappa le front et leur proposa :

— Si je vous dis ce qu'il y avait d'autre dans la boîte, vous m'emmènerez à Washington ?

Prudemment, les représentants de la loi ne répondirent ni oui ni non.

— Par exemple, continua Willy, j'ai vu un papier tapé à la machine, avec plein de tampons et signé par une dame qui habitait les Monts-Déserts. Elle me donnait toujours des chocolats quand j'étais petit. Madame Yourcenar.

— Marguerite Yourcenar ! s'exclama Andrew Bradford. Vous voulez dire qu'Ashley...

Au moment où il prononçait son prénom, semblant émerger du flanc vert de la colline qui protégeait sa maison, Ashley Brown se dressa devant eux, haletante, les cheveux au vent, l'œil étincelant de colère.

— Partez immédiatement, vociféra-t-elle. Vous êtes en territoire abenaki. Vous n'avez pas juridiction... Partez...

Willy se coucha à même le sol et se mit à gémir comme un jeune chiot.

— Willy, arrête tes simagrées et rentre à la maison, lui ordonna-t-elle.

Contre toute attente, le jeune homme obéit.

— Madame Brown, dit sur un ton posé mais implacable Andrew Bradford, je dois vous informer qu'à la suite des déclarations volontaires de votre... fils, nous allons devoir revenir avec un mandat de perquisition.

En entendant la pause, Ashley avait blêmi.

— Que vous a-t-il dit? hurla-t-elle. Vous n'aviez pas le droit de l'interroger. Il est mineur. Il est... malade. Il ne sait pas ce qu'il raconte.

— C'est ce qui reste à vérifier. Nous étions venus vous voir pour tout autre chose, le message que vous avez laissé pour Jane O'Flynn à la Villa Alexis. Nous vous conseillons vivement...

Mais sans l'écouter davantage, Ashley Brown avait gagné, en moins de temps qu'il ne faut pour le dire, le seuil de sa maison, dont elle claqua vigoureusement la porte que Willy avait laissée entrouverte.

— Nous serons bientôt de retour, affirma bien haut l'agent Bradford, frustré dans ses efforts de négociation.

— Qu'est-ce qu'on fait? lui demanda Jean-Pierre Foucheroux à mi-voix. Tu veux que je reste?

— Non, partons. De toute façon elle ne peut pas aller bien loin...

Cette erreur de jugement allait être fatale. Mais comment les deux hommes qui regagnaient à vive allure la vedette docilement attachée à l'un des poteaux de l'étroit embarcadère auraient-ils pu prévoir les cinq morts qui allaient s'ensuivre?

25

— On ne peut pas toujours tout prévoir, affirmait le capitaine Bradford à Gisèle, qui caressait d'un air absent la tête de Valentine. Parfois, il n'y a rien d'autre à faire que se laisser porter par les événements... Devant le manque total de réaction de la jeune femme, il fit une dernière tentative : Voulez-vous faire un bout de promenade avec nous ?

En fait, il était en service commandé. Jean-Pierre Foucheroux lui avait demandé, à titre personnel, et à un moment où Andy ne pouvait pas les entendre, si ça ne l'ennuierait pas trop d'aller rendre visite à Mlle Dambert dans la matinée pour voir comment elle se sentait. À dix heures, Ralph Bradford s'était donc mis en route pour s'acquitter de sa tâche. Les choses lui avaient été rendues faciles par Valentine, qui, apercevant la jeune femme assise dans le jardin de la Villa Alexis, avait donné des marques sans équivoque de son désir de se rapprocher d'elle, sous forme de joyeux jappements et de frénétiques battements de queue. Gisèle était sortie de sa rêverie et avait fait un petit signe de la main. Le capitaine Bradford en avait profité pour s'engager dans l'allée et pour se lancer dans de longues salutations, suivies de remarques météorologiques peu originales.

— Pardon ? finit-elle par dire, ayant détecté une question directe dans l'intonation avec laquelle le vieux monsieur avait prononcé sa dernière phrase.

— Voulez-vous faire un bout de promenade avec nous ? répéta-t-il. Valentine serait contente...

— Je ne sais pas si je peux… commença Gisèle.

— Un peu d'exercice vous ferait le plus grand bien. *Mens sana in corpore sano*. L'exercice physique a toujours été bénéfique.

— Le téléphone…

— Vous avez sûrement un répondeur, improvisa-t-il, sentant poindre en lui des sentiments d'impatience quasi paternels vis-à-vis de cette créature au bord du désespoir.

Valentine nicha son museau dans la main de Gisèle.

— D'accord, murmura cette dernière, devant le regard suppliant de la chienne. Laissez-moi fermer à clé.

Ils venaient de passer devant Petite Plaisance, et le capitaine Bradford essayait de faire diversion en parlant botanique, quand un taxi s'arrêta à leur hauteur.

— C'est vous, pour l'aéroport ? leur demanda le chauffeur d'un air peu amène, après avoir baissé sa vitre. Vous ne m'avez pas dit que vous aviez un animal. Je ne prends pas les chiens.

Le capitaine Bradford allait répliquer vertement quand la porte de la maison qu'occupait Roberto Spaldini s'ouvrit toute grande pour laisser apparaître une mince jeune femme, habillée comme un mannequin de haute couture, aux ongles rouge vif et à l'air de reine outragée, suivie du critique essoufflé par le port de deux lourdes valises.

— Par ici, mon ami, par ici, cria-t-il au chauffeur.

Ce dernier leva les yeux au ciel, fit une grosse bulle rose avec la gomme à mâcher qu'il avait dans la bouche, et descendit de son véhicule pour en ouvrir le coffre.

Roberto Spaldini avait posé les bagages et s'affairait à verrouiller la porte tout en pressant sa compagne :

— Allez-y, ma chère, allez-y…

Avec une démarche langoureuse et calculée, typique des défilés de mode, elle s'approcha de la voiture sans daigner jeter un coup d'œil derrière ou autour d'elle.

Ayant subitement retrouvé sa galanterie, le chauffeur lui ouvrit la porte arrière avec un grand « Madame », étouffé par une maladroite courbette.

— Venez donc chercher les bagages, lui ordonna Roberto Spaldini.

— Interdit. Hernie discale, lui fut-il rétorqué du tac au tac.

Suant à grosses gouttes, pestant en italien, maugréant en anglais, l'éminent critique gastronomique fut contraint de mettre lui-même ses deux valises, trois sacs de voyage et un chariot à roulettes dans le coffre du taxi, sous l'œil goguenard du chauffeur, celui, méprisant de la belle brune assise sur la banquette arrière, et celui, concerné, de Ralph Bradford. Mais comme ce dernier n'avait aucun pouvoir pour priver un citoyen américain de sa liberté de mouvement, et tout en pensant « bon débarras ! », il se contenta de dire :

— Bonjour, monsieur Spaldini, ou plutôt au revoir. Vous rentrez à Boston ?

— Non, je pars… répondit automatiquement le désagréable bonhomme. D'abord, ça ne vous regarde pas. *Mamma mia*…

Et il se lança dans une tirade sans nul doute fleurie dans sa langue maternelle. Elle eut pour seul effet de faire hausser un peu plus les épaules à sa compagne, qui soupira d'un air excédé, alors qu'il hurlait, en s'asseyant à côté d'elle : « À l'aéroport, *pronto*. »

— Je me demande s'il a le droit de partir comme ça, murmura le capitaine Bradford en regardant l'arrière du véhicule disparaître au coin d'Huntington Road. Qu'est-ce que vous en pensez, mademoiselle Dambert ?

— Je ne sais pas. Je ne connais pas la législation. Peut-être faudrait-il prévenir Jean… le commissaire Foucheroux.

Il remarqua l'hésitation et la rougeur qui avait envahi le visage de Gisèle à l'instant où elle s'était reprise.

— Il est parti pour l'île aux Canards ce matin avec Andy, l'informa-t-il charitablement.

— Ah ! et il vous a dépêché pour me surveiller ?

— Pas exactement, protesta le vieil homme. Il s'inquiète à votre sujet. Moi aussi, d'ailleurs, ajouta-t-il, en la voyant sur le point de défaillir. Asseyez-vous tout de suite sur le bord du trottoir. Mettez la tête entre vos genoux et respirez... respirez... Voilà...

Valentine, croyant qu'il s'agissait d'un nouveau jeu dont elle était impatiente d'apprendre les règles, se mit à gambader joyeusement autour d'eux.

— Fifille, arrête, lui ordonna son maître.

La sévérité du ton la surprit. Elle s'aplatit à côté de Gisèle, l'air consterné, sans comprendre.

— Je parie qu'elle n'a rien avalé ce matin, grommela le capitaine entre ses dents. Et plus haut : Mademoiselle Dambert, trêve de balivernes ! Nous allons rentrer chez vous. Je vais vous faire du thé. Vous allez manger quelque chose. Et je vais appeler Jack Griffith.

Comme elle se relevait et obéissait sans mot dire à ses injonctions, Ralph Bradford remarqua un léger mouvement derrière l'une des fenêtres du premier étage de Petite Plaisance. Jun Tanaki avait dû être le témoin silencieux de cet intéressant petit épisode...

Une fois à l'intérieur de la Villa Alexis, tout en vaquant aux tâches domestiques qu'il s'était assignées, Ralph Bradford regarda plusieurs fois en direction de la maison voisine et crut déceler un anormal frémissement de rideaux. Puis il concentra son attention sur Gisèle, assise à la table de la cuisine, devant une théière fumante et une assiette de biscuits, sur laquelle Valentine, la langue pendante, gardait les yeux résolument fixés. Il versa le liquide odorant dans deux grandes tasses, et en tendit une à Gisèle après y avoir rajouté une cuillerée de sucre, sans lui avoir demandé son avis.

— Buvez, mon petit, lui dit-il doucement. Il faut reprendre des forces.

Gisèle avala deux gorgées et accepta un gâteau sec.

Exceptionnellement, Ralph Bradford en donna aussi un à Valentine, qui le dégusta en fermant les yeux de plaisir.

« Comme Katicha le saumon », pensa Gisèle, s'effondrant, en larmes, sur la table.

Devant ce pitoyable spectacle, Ralph Bradford regretta plus amèrement encore de s'être laissé entraîner dans cette aventure. La consolation des jeunes femmes éplorées n'avait jamais été son fort. Enfin, celle-ci, au moins, aimait les bêtes. Celle-ci, pour une raison qui lui échappait, avait réussi à l'émouvoir. S'il avait eu une fille... Avec un petit soupir, il rapprocha sa chaise de celle de Gisèle, lui tapota par deux fois l'épaule, sortit de sa poche un mouchoir blanc immaculé et lui dit avec douceur :

— Parlez-moi de votre amie...

***

Ankylosée, inerte, manquant d'air, Jane ne savait plus que penser.

Il lui semblait que des heures s'étaient écoulées depuis le moment où Ashley Brown l'avait secouée sans ménagement pour la forcer à ouvrir les yeux, avait émergé de son scaphandre, et lui avait chuchoté à l'oreille :

— J'ai essayé de vous prévenir. Ils savaient que vous les aviez entendus.

Jane essaya de rassembler ses idées, n'y parvint pas et tendit simplement ses poignets en disant :

— Détachez-moi.

Mais la présidente de « Sauvez notre île » ne fit pas mine d'accéder à cette requête.

— Il est trop tard, constata-t-elle simplement.

— Trop tard, protesta Jane dans un souffle. Il n'est pas trop tard. Détachez-moi. Vous savez bien que je ne dirai rien, que je n'ai rien dit à personne au sujet de...

— Non, je n'en étais pas sûre. Mais puisqu'il en est ainsi, ça va simplifier les choses... D'abord, je vais m'occuper d'eux.

Et elle fit un signe de tête menaçant, qui englobait l'espace de la grotte derrière elle.

— Mais pourquoi ? Pourquoi ? plaida Jane.

Ashley exhala un mince soupir de déception.

— Je croyais que vous aviez compris... J'avais besoin de l'argent pour Willy, Jane, pour Willy. Je n'avais pas le choix... Je n'ai plus le choix. Et je n'ai plus le temps.

— Mais vous auriez pu vendre l'île, vous le pouvez encore, je vous aiderai...

Jane savait bien qu'elle s'accrochait à un espoir aussi fragile qu'un fétu de paille.

— On ne peut pas vendre ce qui ne nous appartient pas. Et on ne peut compter sur personne.

Et sur ces surprenantes paroles, Ashley Brown rajusta son équipement, lui tourna le dos et repartit. Quelques secondes plus tard, Jane l'entendit distinctement annoncer à ses complices :

— Elle est toujours dans les vapes. Dépêchez-vous de terminer. Je ferai le nécessaire quand vous serez partis.

— Tu as intérêt, si tu ne veux pas qu'on se retrouve tous en prison, menaça une déplaisante voix masculine que Jane ne reconnut pas.

Puis les bruits s'étaient assourdis, les allées et venues étaient devenues moins fréquentes et elle avait glissé dans une sorte de frissonnante torpeur, dont un vague bruit d'explosion l'avait brusquement tirée.

En face d'elle, à une distance respectable, Katicha était assis dans la position d'un sphinx et la contemplait du même regard énigmatique que celui que ses ancêtres de pierre laissaient indifféremment tomber sur les foules égyptiennes.

26

Aussitôt qu'elle se fut assurée que les deux intrus étaient repartis, Ashley Brown monta à la chambre où elle pensait avoir à se confronter à Willy tassé dans un coin, la tête enfouie entre les bras, laissant échapper des grognements sans suite... Il lui faudrait alors le convaincre de se laisser approcher, calmer, soigner... Elle en avait l'habitude.

À sa grande surprise, elle le trouva assis en tailleur sur son lit, parfaitement immobile, parfaitement silencieux, indifférent à son arrivée.

— Willy... commença-t-elle.

— Je leur ai dit, l'arrêta-t-il immédiatement.

— Tu leur as dit quoi ?

— Que tu étais une menteuse.

— Willy, Willy, murmura-t-elle doucement, tu n'aurais pas dû...

— Je leur ai aussi dit que j'avais trouvé les papiers et que j'avais l'intention d'aller à Washington, continua-t-il, impitoyable.

Le sang d'Ashley ne fit qu'un tour. Son cœur cessa littéralement de battre. Après les violences auxquelles elle avait été contrainte de se livrer toute sa vie pour le sauver, l'enfant lui échappait. Elle s'efforça au calme. Il était peut-être encore temps.

— À Washington, répéta-t-elle comme si elle n'avait pas compris.

— Oui, et tu sais très bien pourquoi.

Elle ferma un instant les yeux comme pour abolir l'horreur de la révélation et de ses conséquences, pour ne plus voir le visage révulsé par la haine de l'être qu'elle avait aimé le plus au monde, après Jane.

— Pour voir mon père, acheva triomphalement le jeune homme.

Elle tenta une dernière feinte.

— Ton père est mort avant ta naissance, Willy, tu sais bien, je t'ai expliqué…

— Menteuse, menteuse, cria-t-il à pleins poumons. Mon père est à Washington. C'est ma mère qui est morte ! Ma mère !

— Willy, calme-toi, lui intima Ashley en essayant de s'asseoir à côté de lui. Mais il recula avec dégoût, comme s'il avait vu un répugnant reptile se faufiler dans les motifs géométriques du *quilt* qui recouvrait son lit.

— Je sais tout, hurla-t-il, je sais tout. Tu ne peux pas m'empêcher d'aller à Washington. D'ailleurs, j'ai de l'argent.

Elle le regarda avec scepticisme.

— Tu ne me crois pas ? Regarde…

Et il sortit de dessous un coin de son matelas un tambour plein de billets verts, qu'il brandit devant elle.

— Oh ! Willy, soupira Ashley en reconnaissant les fonds de « Cousins dans le besoin ». Tu as volé…

— C'est de ta faute, accusa-t-il avec véhémence. J'ai bien été obligé… Je savais que tu ne me laisserais pas partir… Mais je n'ai pas fait de mal à la femme, ajouta-t-il en baissant la voix, pas comme l'autre dans le jardin d'Asticou.

— Willy, on avait dit qu'on ne reparlerait plus jamais de ça…

— On avait dit, on avait dit, marmonna l'adolescent en regardant fixement devant lui. Comme pour le chat… comme pour le chat…

Ashley Brown reconnut les signes d'une crise imminente et prit la décision qui s'imposait, la seule possible... Juste au moment où elle croyait avoir paré à tout, quelle ironie !

— Je vais t'emmener à Washington, si tu tiens tellement à y aller, affirma-t-elle, apaisante. Mais avant de partir, je voudrais que tu fasses une dernière chose pour moi.

— On avait dit... on avait dit... comme pour le chat, comme pour le chat... psalmodiait inlassablement le jeune homme, se balançant, rigide, d'avant en arrière, le regard vide de toute expression.

Il ne cessa pas son manège, lorsque, quelques secondes plus tard, Ashley lui ferma les doigts des deux mains sur un grand verre de lait et lui ordonna avec une infinie douceur : « Bois. »

Maladroitement, entre deux hoquets, il but.

Fascinée, elle attendit patiemment qu'il se tût, le regarda se ralentir, s'immobiliser et s'endormir roulé en boule sur lui-même, à la manière des petits enfants épuisés par une journée de jeux en plein air. Après lui avoir caressé la joue une ultime fois, elle redescendit et se mit au travail, consciente d'avoir trop à faire dans le peu de temps qui leur restait.

Avec un soupir de résignation à l'inévitable, Ashley se dit qu'après avoir tout mis en ordre, elle brûlerait ce qui devait l'être, sortirait la hache sacrée et déposerait en offrande, devant la porte, l'arme du crime, qui la priverait pour toujours d'éternité.

C'était presque fini.

Elle avait tout perdu.

⁂

Revenus dans l'île des Monts-Déserts à bord de la vedette qui fendit l'eau bleue en un temps record, Andrew Bradford et Jean-Pierre Foucheroux se rendirent immédiatement au poste de police pour demander à Jack Griffith de faire les démarches nécessaires en vue d'obtenir du juge en place un mandat de perquisition.

— Ça ne va pas être facile, supputa ce dernier... Techniquement, une partie de l'île aux Canards est en territoire indien...

— Il doit bien y avoir un biais, s'impatienta Andy.

— Assistance urgente à personne en danger ? suggéra Jean-Pierre Foucheroux.

Mais la splendeur du système judiciaire américain, qui protège l'individu dans ses droits fondamentaux, se retourna contre ceux qui voulaient appliquer les rigueurs de la loi à l'encontre d'une présumée coupable, et la signature du document nécessaire à la mise en marche légale des opérations requit un si grand nombre de communications en tous genres avec le bureau du gouverneur que de précieuses heures furent perdues.

Un appel téléphonique au cabinet du Dr Daniel Simon Jr, à Boston, engendra d'autres frustrations. Le psychiatre se déclara entre deux consultations, déjoua habilement les questions directes sur son jeune patient et s'abrita derrière l'alibi du secret professionnel pour couper court à la conversation. L'agent Bradford eut tout de même la satisfaction de croire déceler une trace d'inquiétude dans l'intonation de son peu cordial « au revoir ».

Exaspéré par ces atermoiements, il proposa à son ami d'aller se réfugier dans la maison familiale pour attendre et faire le point. À leur grande surprise, ils n'y trouvèrent pas le capitaine Bradford, occupé, en cet instant précis, à raconter par le menu, à une Gisèle attentive et compatissante, les détails du tragique accident qui avait endeuillé par sa faute les côtes du passage intérieur en Alaska. C'était elle qui tenait maintenant entre les siennes la main veinée de bleu du vieil homme, qui s'était laissé aller à une longue série de suppositions sur ce qu'il aurait dû faire. C'était elle qui répétait comme un refrain :

« Mais il n'y a pas eu mort d'homme. » C'était elle qui, maternelle, se levait pour lui préparer quelque chose à manger. Ce qu'il accepta, avec gratitude, rassuré de voir la jeune femme revenir pour lui à l'ébauche de travaux domestiques, sous le regard approbateur de Valentine, sensible à la libération d'une charge émotionnelle que son maître se permettait enfin, après des années de silence têtu et d'impitoyables refoulements.

— Je me demande vraiment où est mon oncle, dit Andrew Bradford pour la troisième fois. Il est toujours à la maison à l'heure du déjeuner. Au fait, tu veux un sandwich ?

— Il est sans doute allé promener Valentine, répondit Jean-Pierre Foucheroux avec un vague sentiment de culpabilité, car il soupçonnait que le capitaine Bradford était en train de faire, sur ses prières, une brève visite à Gisèle Dambert. D'accord pour le sandwich.

Ils s'installèrent dans la cuisine ensoleillée, dont une des fenêtres donnait sur l'océan. À cause de la disposition semblable de l'encadrement, Jean-Pierre Foucheroux pensa soudain aux Sablettes, la maison de vacances où il avait passé avec Clotilde son dernier été, de l'autre côté du même océan, toucha machinalement son genou artificiel et chassa le souvenir d'un impatient mouvement de la tête qui n'échappa point à Andrew. Avec un art consommé dénotant une longue pratique, ce dernier sortit du placard quatre tranches de pain au son, les barbouilla de moutarde, empila en couches successives cornichons, fromage, jambon, rondelles de tomate, oignons rouges et feuilles de laitue, les recouvrit d'une généreuse cuillerée de mayonnaise et posa le tout sur une assiette avec un triomphant « Voilà ».

— On le dirait sorti d'une bande dessinée, ton sandwich, Andy ! sourit Jean-Pierre Foucheroux. Je vois que tu n'as rien perdu de ta maestria.

— Peux même te faire un *espresso* après, lui répondit le cuisinier improvisé avant de mordre à belles dents dans son chef-d'œuvre. Margret m'a appris.

Ils avaient à peine fini que la sonnerie du téléphone retentit dans l'entrée.

— Ah ! enfin, dit Andrew avec un visible soulagement. Mais la sécheresse du « oui, je te le passe » dès qu'il eut décroché, trahit l'ampleur de sa déception. Marylis, annonça-t-il.

— « Marylis », reprenait Jean-Pierre Foucheroux en écho. Écoute, je suis désolé mais je ne peux pas te parler. Je suis au milieu…

— Pierre, tu n'es vraiment pas chic, se plaignit immédiatement sa jeune sœur. Tu avais promis de me rappeler…

— Je te dis que je suis au milieu…

— Tu es toujours au milieu de quelque chose, coupa-t-elle. Mais là, je t'appelle de chez moi, je ne serai pas longue. J'ai vraiment besoin de toi, pour un CD qu'on ne trouve qu'aux États-Unis. Pas pour moi d'ailleurs…

Calculant ses chances d'endiguer le flot d'explications qui n'allait pas manquer de suivre, il dit en soupirant :

— Donne-moi le titre.

— Tu as un crayon ? Il y a plusieurs enregistrements et Gregg en veut un très spécial. Il joue du saxophone dans un groupe rap rock et metal blues. Il est super.

L'adjectif amena instantanément le souvenir d'un petit blondinet tout de cuir vêtu, à l'oreille percée de trois trous, où brillait un faux diamant, pendait un anneau doré et se balançait une croix en argent.

— Je n'en doute pas, murmura-t-il, sarcastique. Le titre ?

Mais Marylis avait l'oreille fine et elle protesta, indignée :

— C'est incroyable, Pierre, tu deviens pire que papa !

J'ai rencontré Gregg à la fac, dans un cours sur la nouvelle où je m'ennuyais à mourir, si tu veux savoir. Nous sommes sortis ensemble après qu'il a fait un exposé super sur un truc de Maupassant – je crois – où quelqu'un avait été étranglé avec une natte... Génial, son exposé. Post-moderne et tout...

— Qu'est-ce que tu viens de dire ?

Le ton acerbe déconcerta la jeune fille qui répéta docilement :

— Génial, son exposé.

— Non, avant.

— Je te disais qu'on est sortis ensemble la première fois quand il a fait un exposé post-moderne sur une histoire où un personnage a été étranglé avec une natte... Tu deviens sourd ou quoi ?

— Marylis, merci... Tu es... géniale. Je te rappelle, promis.

Et avant que sa sœur, médusée, ait le temps de prononcer une demi-syllabe, il raccrocha le téléphone, se retourna vers Andrew et lui dit simplement :

— Je sais qui a tué Adrien Lampereur.

***

Quelques minutes plus tard, la sonnerie du téléphone retentit à nouveau dans la maison vide du capitaine Bradford. Une sonnerie prolongée, rageuse et brutalement interrompue en plein milieu au dixième coup. Intrigué par l'absence de réponse, juste après avoir obtenu le signal occupé, Jack Griffith se gratta la tête et regretta de ne pouvoir informer Andrew Bradford et Jean-Pierre Foucheroux de la visite de Lucien Walker et des derniers développements concernant l'obtention problématique du document dont ils avaient besoin. « Ils doivent être en chemin », en déduisit-il à mi-voix pour se rassurer.

27

Alors que les deux hommes voguaient à nouveau vers l'île aux Canards, tournant résolument le dos aux montagnes dont George B. Dorr avait unilatéralement changé les noms quand il avait créé le parc national d'Acadie au début du siècle, Jeff Walker rentrait, sur l'*Anna Soror*, d'une expédition qu'il n'allait pas oublier de si tôt. Ayant décidé de partir en mer, malgré l'heure tardive, il avait dépassé les premières bouées des autres pêcheurs lorsqu'il remarqua, à tribord, un bateau qui fendait l'eau à vive allure et ressemblait étrangement à celui de son cousin. Il paraissait aller à la rencontre d'un yacht battant pavillon japonais, qui venait du large. Les jumelles de Jeff avaient capté l'ondulation d'un rond rouge vif sur le blanc du drapeau qui claquait au vent, quand soudain un bruit d'explosion lui fit dévier son instrument optique juste à temps pour assister de loin, impuissant et horrifié, à la destruction totale du chalutier, brusquement transformé en boule de feu, surmonté d'une noire fumée qui prit brièvement la forme d'un champignon atomique, avant de retomber, gracieusement, comme les restes colorés d'un feu d'artifice, dans les vagues écumantes qui engloutirent le tout en quelques secondes.

L'incident s'était déroulé si vite que Jeff se demanda s'il n'avait pas rêvé et se frotta les yeux. Au moment où il retrouva son acuité visuelle, il s'avisa que le yacht japonais avait effectué un parfait demi-tour et se dirigeait maintenant dans la direction opposée, avec une hâte fort suspecte. Bien qu'il n'ait aucune illusion sur la possibilité que quiconque ait survécu à l'infernale déflagration, Jeff Walker, en bon marin respectueux du code, pointa son bateau sur l'endroit où le chalutier avait sombré. En s'approchant du centre, il ne discerna que de minuscules débris salissant la crête des vagues dans une série de cercles concentriques de vaste diamètre.

Il n'y avait rien à voir, rien à faire.

Jeff Walker se signa et rebroussa chemin.

*
**

Dans l'île aux Canards, Ashley Brown achevait les derniers préparatifs. Un distant bruit de tonnerre la fit sursauter, bien qu'elle se soit attendue, plus ou moins consciemment, à en percevoir la rumeur. De la pièce où elle s'affairait, elle savait qu'elle ne pouvait pas voir le mince panache de fumée qui avait sans doute accompagné la détonation et éphémèrement troublé l'air tranquille de cette belle matinée.

Dans le panier tressé posé sur la table de la cuisine, elle plaça soigneusement deux grosses enveloppes, le tambour et son butin, une note qu'elle venait de rédiger, et par-dessus, enroulée comme un luisant et maléfique collier noir, la natte qu'elle venait de trancher, d'un sec, unique et précis coup de hache. Sans se préoccuper des cendres qui se consumaient dans l'âtre, elle sortit déposer le tout devant la porte de la maison et monta chercher Willy.

— Il est temps, annonça-t-elle tout en le secouant par l'épaule pour le réveiller à moitié.

Le jeune homme se laissa prendre par la main et pousser avec fermeté vers l'escalier qu'il descendit tant bien que mal. Comme dans un brouillard, il eut vaguement conscience d'un bruit de porte refermée et d'une difficulté diffuse à faire entrer l'air du dehors dans ses poumons.

— On va à Washington ? parvint-il à articuler dès qu'ils eurent commencé l'ascension de la colline familière, qui se transformait plus haut en falaise de granit surplombant la mer. On va prendre l'avion ?

— Oui, Willy, répondit doucement Ashley, on va à Washington.

Le chemin était long et tortueux, la lumière aveuglante et Willy gémissait de temps à autre mais sans trouver la force de protester vraiment. À un moment, ils s'arrêtèrent sur une sorte de plateau d'où cascadaient, dans trois directions différentes, des rangées de vignes en espalier, que dorait patiemment le soleil d'été.

Ashley lui donna à boire et avala elle-même, à longs traits, le liquide d'une autre gourde.

— Tu es sûre que c'est bien la route ? lui demanda-t-il une seule fois. On dirait...

— J'en suis sûre, répondit-elle. Nous ne sommes plus loin. Continuons.

La voix était calme, rassurante, impérieuse.

Il obéit.

Il se sentait sur le point de s'endormir debout, chaque pas lui coûtant un effort qui lui semblait de plus en plus insurmontable. Au moment où ils atteignirent le sommet du Trou du Diable, tout se mit à tourner autour de lui, la lumière crue de midi, les roches familières, le phare, au loin, sur sa droite et le visage d'Ashley penché sur le sien – un visage méconnaissable, une sorte de rond entouré de piques comme il en avait vu dans un livre d'images sur la mythologie grecque qu'elle lui avait rapporté récemment de la bibliothèque de Northeast Harbor.

Nemesis.

Il perdit connaissance.

Ashley Brown prit dans ses bras le corps inerte de l'être pour lequel elle avait déjà sacrifié cinq vies et, l'élevant en offrande, à bout de bras, au-dessus de sa tête, s'approcha en titubant du bord de la falaise.

Du pont de l'*Anna Soror*, Jeff Walker braqua ses jumelles sur les hauteurs du Trou du Diable, vaguement conscient d'un mouvement insolite à un endroit où ne nichaient d'habitude que quelques oiseaux de mer.

De la vedette qui les rapprochait de l'île aux Canards, Andrew Bradford et Jean-Pierre Foucheroux levèrent en même temps les yeux vers ce qui était en train de s'accomplir, impuissants à en changer la fatale issue.

Spontanément, de deux points différents de l'espace, les trois hommes crièrent un « NON » que la meurtrière n'entendit pas. Il fit exactement écho aux dernières paroles qu'elle jeta, comme un défi, juste avant de plonger délibérément vers sa mort :

— Ton fils, Jane.

Jeff Walker se cacha le visage entre les mains. Presque vingt ans après, justice était faite. Comme un robot, il mit le cap sur Northeast Harbor.

Andrew Bradford et Jean-Pierre Foucheroux échangèrent un regard de commune défaite.

— Le révérend Simpson dirait sans doute qu'il faut accepter l'idée qu'on ne peut pas toujours tous les sauver, murmura Andy, résigné.

— C'est vrai. Mais on peut au moins essayer d'arriver parfois à temps pour empêcher le massacre d'un innocent, répliqua Jean-Pierre Foucheroux avec une amertume peu coutumière. En fait, nous sommes payés pour ça.

— Jean-Pierre...

Mais le commissaire Foucheroux, raide comme un piquet, le regard orageux fixé sur le rivage proche, les lèvres serrées en une mince ligne qui clamait sa colère, tapa du poing sur le bastingage et jura :

— Nom de Dieu ! nous sommes payés pour ça.

Sachant pertinemment que les mots étaient inutiles et pouvaient être dangereux, Andrew Bradford n'adressa plus la parole à son ami jusqu'à ce qu'ils arrivent devant la maison, au seuil de laquelle Ashley Brown avait laissé en ultime cadeau un panier rouge vif. Ils découvrirent à l'intérieur l'argent de « Cousins dans le besoin », les documents prouvant que l'île aux Canards avait été achetée par Marguerite Yourcenar, avec l'intention de la transformer en réserve ornithologique, la natte qui avait servi à étrangler Adrien Lampereur, et une note manuscrite, visiblement écrite à la hâte, sur une feuille arrachée à un vieux carnet : « Jane est au Trou du Diable. Le chat aussi, je crois. »

— Tout n'est pas perdu, tu vois bien.

— Entrons tout de même, proposa Jean-Pierre Foucheroux.

Dans la cuisine silencieuse où régnait un ordre parfait, il retira précipitamment du feu qui se consumait dans la cheminée des fragments de feuilles de papier, dont certaines étaient autographes et d'autres dactylographiées.

— Il vaudrait peut-être mieux s'occuper d'abord de Jane O'Flynn, suggéra délicatement Andrew en voyant son ami se pencher, fasciné, sur une liasse noircie mais miraculeusement épargnée par les flammes.

Jean-Pierre Foucheroux ne répondit pas et se frotta le genou. Devinant la vraie raison de ses hésitations, Andrew continua avec une légèreté un brin forcée :

— Ou plutôt divisons nos forces. Je te laisse reconstituer tout ça et je vais au Trou du Diable voir ce qui reste de la féministe.

— Et de Katicha... Oui, vas-y tout seul, je te ralentirais... L'escalade n'est pas recommandée pour les invalides.

Une amère dérision s'était glissée sous le ton moqueur et avait donné un reflet d'acier au regard gris, décidé à montrer qu'on ne pouvait pas le berner aussi facilement.

— Ce n'est pas ça, mon vieux, tu le sais bien... Écoute, je pars en éclaireur et je te contacte si besoin est. Tu as la radio, de toute façon, et les hommes de Jack Griffith sont prêts à intervenir à la moindre alerte.

— D'accord, acquiesça Jean-Pierre Foucheroux du bout des lèvres.

Et pendant que l'agent Bradford se repérait à l'aide d'un plan schématique de l'île aux Canards et se hâtait pour en atteindre l'extrémité sud-ouest, le commissaire Foucheroux, assis sur une chaise basse, disposait en cercle autour de lui les vestiges du journal intime d'Ashley Brown. Patiemment, il fit renaître de ses cendres le récit parfois lyrique de la rencontre avec Jane Haworth Charles, la chronique de leur tumultueuse relation. Par fragments, il retraça l'épisode de la trahison de Jane, préférant soudain à son amie un homme obscur désigné seulement par ses initiales, W. H., et la tragédie de la naissance clandestine de Willy. Ensuite, le journal prenait la forme d'incohérentes confessions, ponctuées par le retour lancinant de « moi seule » et par la répétition, à l'infini, du nom de Jane, écrit en lettres rondes, calligraphié, enluminé, comme pour conjurer le sort de la jeune morte.

« Jane », s'époumonait Andrew Bradford, debout dans une des grottes supérieures du Trou du Diable, où il avait pénétré avec difficulté, par une sorte de long boyau, dont l'entrée était aux trois quarts dissimulée par des arbustes porteurs de baies.

Seul l'écho de sa voix lui revint, mêlé au chantonnement constant du ressac.

Il était sur le point de rebrousser chemin, comprenant qu'il se trouvait dans un labyrinthe auquel il aurait vraisemblablement meilleur accès de la mer et avec des renforts, quand le faisceau de sa torche électrique tomba sur l'ouverture d'une galerie qui avait échappé à sa première inspection. Il s'y engagea et progressa à tâtons, conscient d'un menaçant clapotis et de la lourdeur asphyxiante de l'air. Après avoir franchi à grand-peine un dangereux rétrécissement, il déboucha dans une cavité où il eut la surprise de découvrir les traces d'un véritable laboratoire !

Andrew Bradford laissa échapper un petit sifflement après avoir passé un doigt expert sur la surface d'une table recouverte d'une fine pellicule difficile à détecter à l'œil nu. Précautionneusement, il porta son index à sa bouche et fit une grimace de dégoût. C'était ici, sans nul doute, que transitait la mortelle poudre blanche avant d'être distribuée, sous un déguisement quelconque, sur toute la côte est des États-Unis, d'aller pourrir le cœur des villes, ruiner des dizaines de jeunes vies. Rien ne permettait de dire qui dirigeait, des entrailles de l'île, ces sinistres opérations, mais il ne voyait pas comment Ashley Brown aurait pu totalement ignorer le trafic de drogue auquel on se livrait sur son territoire. Était-ce par peur d'être découverte, emprisonnée peut-être, qu'elle avait préféré « la mort heureuse » dans toute son horreur ?

L'air était de plus en plus irrespirable. Andrew décida qu'il était temps d'appeler à l'aide les gardes-côtes mais une ultime fois, par acquit de conscience, il cria de toutes ses forces :

— Jane ! Jane O'Flynn !

À son grand étonnement il eut l'impression d'entendre un éternuement étouffé, qui semblait venir de plus bas, comme de derrière une cloison invisible.

— Professeur O'Flynn, cria-t-il à nouveau, encouragé.

Un second éternuement, plus faible, lui répondit. Ayant capté la direction générale d'où il émanait, il descendit une sorte de tunnel en gradins qui le fit arriver dans une seconde cave, plus vaste, où il remarqua des outils abandonnés, des caisses vides et de nombreuses empreintes de pas gardées par le sable humide, en direction d'un orifice en demi-cercle au-delà duquel se devinait, bleuâtre, la lumière du jour.

Du pied de cette sorte d'arche naturelle, donnant directement sur l'océan, partait un ténébreux couloir qu'Andrew Bradford emprunta, en se disant que Jean-Pierre Foucheroux avait pris la bonne décision et l'aurait, en effet, gêné plus qu'aidé dans cet étrange enchevêtrement d'étroitures et de creux. Soudain, le passage s'élargit et le rayon de sa lampe électrique fit jaillir de l'ombre une forme humaine inerte, à côté de laquelle brillait un œil vert, unique et terrifié.

Andrew Bradford reconnut les corps endoloris de Jane O'Flynn et de Katicha.

— Je les ai trouvés, eut-il le réflexe d'annoncer immédiatement par l'intermédiaire de sa radio.

Un grésillement lui parvint, puis la voix lointaine, inquiète et déformée, de Jean-Pierre Foucheroux.

— Dans quel état ?

— Vivants, je pense, répondit-il en s'approchant du pitoyable couple que formaient l'amie et le chat de Gisèle Dambert.

— En mauvais état mais vivants, confirma-t-il quelques secondes plus tard, avec une allégresse retrouvée, à Jack Griffith. Mais j'ai aussi découvert autre chose qui va vous intéresser…

28

Immobile, les mains en visière à l'extrême pointe d'un embarcadère de Northeast Harbor réservé aux garde-côtes et dont l'accès était généralement interdit au public, un petit groupe scrutait la baie dans l'espoir d'apercevoir d'un instant à l'autre la silhouette blanche de la vedette qui devait ramener Jean-Pierre Foucheroux, Andrew Bradford, Jane O'Flynn et Katicha de l'île aux Canards. Le capitaine Bradford avait passé un bras protecteur autour des épaules de Gisèle et tenait Valentine fermement en laisse. Silencieux, Jack Griffith, qui se demandait alternativement combien de temps le technicien allait mettre pour déchiffrer la disquette qu'il lui avait dépêchée et ce qu'il devait faire du rapport sur les plaintes contre les nuisances sonores que ses supérieurs le pressaient de finir, tendit soudain un index assuré vers l'ouest, en affirmant :

— Les voilà.

Comme d'habitude, les choses avaient pris plus de temps que prévu. Entre le moment où il avait été prévenu de la situation dans l'île aux Canards et ce splendide milieu d'après-midi, il avait eu une longue conversation avec Jeffrey Walker, qui lui avait donné les coordonnées exactes de l'explosion à laquelle il avait assisté. Il avait immédiatement envoyé une équipe de spécialistes sur les lieux de « l'accident » et il attendait leurs conclusions pour les transmettre à ses collègues, qu'il avait déjà mis au courant des faits.

Debout sur le pont de la vedette, Andrew Bradford

humait avec délice l'air vivifiant de l'océan, un air empli d'embruns et de revigorantes particules de lumière, qui redynamisaient le corps et l'esprit à chaque nouvelle et bienfaisante inspiration.

À cause de la violence du contraste entre ces souffles porteurs de vie et l'atmosphère raréfiée à laquelle Jane avait été exposée pendant plusieurs heures consécutives, il avait suggéré que la cabine vitrée serait un meilleur lieu de transition qu'un bain brutal de lumière et de vent. Elle avait accepté cette idée sans le moindre commentaire. Certes, elle était affaiblie mais il ne s'était pas attendu à ce radoucissement suspect à son endroit…

Quand elle avait ouvert les yeux, dès qu'il l'eut débarrassée de ses liens, il avait essayé de lui faire boire un peu d'eau fraîche qu'elle avait d'abord rejetée puis avalée à petites gorgées. Elle avait eu un mouvement de recul et un froncement de sourcils quand il avait palpé ses membres pour s'assurer qu'elle n'avait rien de cassé. Mais ses premières paroles ne laissèrent aucun doute sur son état mental. Jane O'Flynn était revenue à elle !

— Jamais je n'aurais cru être si contente de voir… se lança-t-elle.

— Un représentant de l'autorité patriarcale ! compléta Andrew Bradford avec le plus grand sérieux. Si ça peut vous consoler, avait-il poursuivi tout en lui frottant les chevilles pour rétablir la circulation du sang, jamais un représentant de l'autorité patriarcale n'aurait cru être si content de voir une féministe radicale… vivante.

À l'unisson, ils avaient pouffé de rire. Tout de même, par principe, elle avait essayé d'avoir le dernier mot en se relevant.

— Mais nous ne le répéterons à personne… Vous n'avez pas de cognac ? L'eau, c'est pour les chats…

À partir de ce moment-là une trêve tacite s'était établie entre eux. Ils avaient échangé un dialogue minimum mais dénué d'hostilité et avaient paré au plus pressé. Sans résistance, Katicha s'était laissé soulever et porter, après avoir bu avidement l'eau qu'Andrew Bradford avait versée pour lui dans une petite dénivellation de la grotte. Sans résistance, Jane s'était laissé soutenir pour marcher jusqu'au bateau qui avait abordé au pied du Rocher du Diable avec les premiers secours et un commissaire Foucheroux visiblement soulagé de pouvoir se rendre utile.

— Voulez-vous que nous nous installions dans la cabine ? avait-il proposé, renchérissant sur la proposition de son collègue, en voyant la pâleur de Jane qui, malgré son désir de ne pas s'effondrer devant ses sauveteurs, se sentait fort mal en point.

— C'est sans doute préférable, en effet, approuva-t-elle, passant résolument du bras d'Andrew Bradford à celui de Jean-Pierre Foucheroux pour aller se mettre à l'abri du vent, et prête à jouer la carte de l'évanouissement au cas où ils s'imagineraient pouvoir profiter de sa faiblesse pour l'interroger sans la présence de son avocate ! Mais ils n'avaient pas eu cette audace, Andrew Bradford avait indiqué qu'il aimait mieux rester à l'air libre et Jane trouva la voix du commissaire Foucheroux étrangement réconfortante, quand il lui dit sans détour :

— J'ai fait prévenir Mlle Dambert. Elle vous attend à Northeast Harbor. Je dois vous dire qu'elle s'est beaucoup inquiétée pour vous. Nous aussi d'ailleurs.

Brusquement, inexplicablement, ce pluriel fit monter des picotements aux yeux de Jane, qui eut honte de cette réaction gisèlienne mais ne put que secouer stupidement la tête, incapable d'articuler un mot. « Ça doit être ce tangage qui me ramène à un état prénatal de régression », rationalisa-t-elle mentalement pour se rassurer.

Feignant de ne pas remarquer son embarras et comptant sur le doux balancement du bateau pour créer un effet lénifiant sur les nerfs de sa rétive passagère, Jean-Pierre Foucheroux continua :

— J'ai aussi fait contacter un vétérinaire à Ellsworth pour Katicha. Il a l'air d'avoir besoin de soins.

Roulé en boule dans un panier de fortune, Katicha remua faiblement la queue en entendant son nom. Se penchant vers lui, le commissaire Foucheroux lui caressa légèrement la tête, en évitant de toucher son oreille ensanglantée. Le chat avait le nez chaud et un liquide jaunâtre suintait de son œil droit.

— Pauvre Katicha ! Il m'a sauvé la vie en me faisant éternuer, concéda Jane. Sans lui, je serais encore... Elle frissonna et resserra la couverture qui lui avait été mise d'office sur les épaules. Il a surtout besoin de Gisèle, se reprit-elle, déterminée à ne pas tomber dans un sentimentalisme primaire, qui allait à l'encontre de l'image qu'elle voulait projeter. Sa Majesté n'est pas habituée à ce genre de mauvais traitements !

— Celui qui en est responsable n'en infligera plus à personne, murmura le commissaire Foucheroux en regardant s'éloigner les hauteurs du Rocher du Diable par un hublot.

— Que voulez-vous dire ? demanda vivement Jane.

— Peut-être vaudrait-il mieux attendre que vous ayez repris des forces avant de parler de tout cela, lui fut-il répondu avec calme.

— Je suis parfaitement capable... s'indigna Jane.

Un coup de houle lui retourna l'estomac. Elle blanchit.

— Ne vous agitez pas, professeur O'Flynn. Voulez-vous du Fernet-Branca ? Nous avons beaucoup de questions à vous poser mais ce n'est pas le moment. L'essentiel maintenant est que vous récupériez physiquement et émotionnellement. Le reste peut attendre. De toute façon...

Il s'interrompit et fixa songeusement son regard sur la ligne d'horizon.

— De toute façon, quoi ? Vous êtes d'un irritant ! Je ne supporte pas les gens qui ne finissent pas leurs phrases ! C'était une manie de Richard.

La combativité revenue dans sa voix le persuada qu'il pouvait, sans trop de risques, lui annoncer la funeste nouvelle.

— De toute façon ni Katicha ni vous n'êtes plus en danger. Ashley Brown et Willy sont hors d'état de nuire.

Loyale jusqu'au bout, Jane protesta :

— Ashley n'est pas responsable de mon... de cet enlèvement ridicule. Les vrais coupables sont trois hommes qui se livrent à un trafic de drogue au nez et à la barbe de la police.

— Ils sont morts eux aussi, lui dit doucement, délibérément, Jean-Pierre Foucheroux. Ils ont eu un... accident. Leur bateau a explosé en mer.

Il tourna ses regards vers l'immensité paisible et bleutée, sur laquelle ils voguaient maintenant sans le moindre heurt.

— Ashley était avec eux ? interrogea Jane avec anxiété, imaginant la scène dans toute son horreur.

— Non, répondit-il simplement.

— Comment Ashley et Willy sont-ils... morts, alors ? se força-t-elle à dire.

Mais sa voix avait perdu son mordant. Elle n'avait pas vraiment conscience de ce que signifiaient les mots qu'elle venait de prononcer. C'était comme si quelqu'un d'autre parlait par sa bouche, à sa place.

— Vous êtes sûre que vous voulez des détails ? lui demanda gentiment Jean-Pierre Foucheroux. Nous sommes presque arrivés.

— Je veux savoir, affirma-t-elle. La vérité ne m'a jamais fait peur.

Il soupira légèrement et se frotta le genou, par réflexe, avant de dire :

— Ashley s'est suicidée en se jetant dans l'eau du haut d'une falaise avec Willy. Elle avait laissé chez elle une note indiquant où vous vous trouviez. C'est ainsi qu'on a pu entreprendre des recherches. Sinon... Vous avez eu plus de chance que les autres...

— Je ne comprends pas. Jane essayait désespérément d'organiser ses pensées et de faire coïncider ce qu'elle croyait savoir d'Ashley avec ce qui lui était asséné par délicats sous-entendus. Vous voulez dire que c'est elle qui a causé l'explosion ? Pour m'épargner ?

En regardant le visage rond et grave de Jane O'Flynn tourné vers lui, le commissaire Foucheroux admira une fois de plus le pouvoir départi à l'être humain de conserver ses illusions contre vents et marées. Il s'en voulut de devoir détromper, décevoir, et d'avoir à détruire, en quelques mots, le lien de confiance que la rescapée avait établi, spontanément, avec la morte.

— Non. Pas pour vous épargner. Pour sauver Willy, une fois de plus. Je crois qu'elle ne vous a « épargnée », finalement, que parce que vous vous appelez Jane...

— Mais ça n'a aucun sens, ce que vous me racontez là !

Jean-Pierre Foucheroux n'eut pas le temps d'élaborer. La vedette exécutait une impeccable manœuvre d'arrimage et la voix d'Andrew Bradford interrompit des explications qu'il ne souhaitait pas particulièrement donner.

— Nous arrivons et nous sommes attendus. Vous êtes prêts ?

Jane essaya de faire la fanfaronne :

— Je parie que Gisèle va se mettre à sangloter en revoyant Katicha, prédit-elle.

Mais ce fut elle, après avoir insisté pour descendre toute seule la passerelle et avoir reconnu, comme dans un brouillard, Jack Griffith, le capitaine Bradford et sa chienne, qui s'effondra en larmes dans les bras grands ouverts de son amie, qui lui intima d'un ton sans réplique :

— On va immédiatement à l'hôpital d'Ellsworth.

— Pas en ambulance, j'espère, eut-elle la force de protester pour l'amour de la contradiction.

— Non, j'ai loué une voiture. L'ambulance ne prend pas les chats, plaisanta Gisèle.

Et par-dessus l'épaule de Jane, elle jeta un regard complice à Jean-Pierre Foucheroux, qui descendait le dernier, et lui fit du pouce le signe de victoire des empereurs romains.

— J'ai pris la liberté de faire prévenir le vétérinaire de votre arrivée imminente, lui dit-il simplement.

Un sourire d'enfant heureuse éclaira alors le visage de Gisèle Dambert, un sourire qui la transforma si totalement qu'Andrew Bradford entrevit la puissance du charme auquel avait succombé son ami. Le sourire de Clotilde. Clotilde miraculeusement, éphémèrement retrouvée dans le sourire de Gisèle...

— Votre oncle m'a été d'un grand secours. C'est un homme remarquable, lui dit-elle en se penchant discrètement vers lui, tout en récupérant des mains du commissaire Foucheroux le chat qui commençait à trouver la scène un peu longue et donnait de furieux coups de queue.

— Mon pauvre Katicha! comme tu as eu peur! murmura-t-elle en touchant le dessous des pattes humides de l'animal et en évaluant d'un œil expert la gravité des symptômes qu'il présentait. Rien d'irréparable, apparemment. Et moi, donc, si tu savais...

En signe de confirmation, Valentine aboya trois fois.

— Messieurs, nous avons à faire, intervint Jack Griffith.

Juste au-dessus d'eux un petit avion rouge et vert effectua un parfait demi-tour en direction du nord, emportant Ted Merinovsky, Roberto Spaldini et sa conquête vers l'aéroport canadien le plus proche. De là, ils s'embarqueraient tout de suite vers des cieux plus cléments pour les spéculateurs et les faux critiques, vers un pays avec lequel les États-Unis n'avaient pas de traité d'extradition, vers une île où ils pourraient attendre tranquillement, en fumant les meilleurs cigares du monde, sur une plage qu'ils développeraient un jour, et transformeraient en Club Hadriana II, que la justice américaine les oublie.

29

Le lendemain matin, Jane O'Flynn s'éveilla aux aurores dans une des chambres impersonnelles de l'hôpital d'Ellsworth, où Gisèle avait insisté pour qu'elle passe la nuit, après avoir subi une série d'examens médicaux tous plus humiliants et inutiles les uns que les autres, mais auxquels elle avait dû se soumettre « pour l'assurance », lui avait-on dit et répété.

Elle avait soif, elle souffrait de courbatures, elle se sentait vide d'énergie et de fort méchante humeur. Sa première pensée cohérente fut pour Katicha, compagnon de misère, qui avait dû lui aussi passer la nuit dans une clinique vétérinaire « pour observation », au dire de sa maîtresse. Mais ensuite lui revinrent à l'esprit les conséquences de ce qu'elle avait appelé pour se donner bonne conscience ses « omissions ». Elle rejoua dans sa tête, comme une cassette audiovisuelle qu'on remet au point de départ, la succession de ses rencontres avec Ashley Brown, la découverte de son implication dans une opération qui lui procurait sans doute les sommes nécessaires pour traiter Willy, mais au prix de combien de jeunes vies sacrifiées ? « Celle qui n'est pas avec moi est contre moi », avait-elle dit. Jane changea de position dans l'étroit lit sur lequel elle était censée se reposer et jeta un regard désapprobateur sur l'ordre aseptisé de la pièce. Où tirer le trait ? Quand décider de désavouer ses pareilles sans risquer de tomber dans le piège de l'autre camp ? Si elle avait « dénoncé » Ashley, elle et Willy seraient peut-être encore en vie…

Mais le temps lui avait manqué. Au moment où elle avait cru que tout était clair dans son esprit et qu'une discussion de fond suffirait pour remettre les pendules à l'heure avec Ashley, Jane avait été confrontée à un aspect du caractère de sa sœur en oppression sur lequel elle n'avait pas compté : l'instinct maternel de substitution. Car il fallait bien se rendre à l'évidence. Un seul être avait compté dans l'existence d'Ashley Brown et pour lui elle aurait – elle avait – tout sacrifié. C'est ça le résultat de la passion pour une personne ou une idée, se dit Jane, la destruction finale… Et pour la première fois, elle se demanda si elle n'avait pas imprudemment sacrifié Richard, si elle n'avait pas été sur le point de sacrifier Gisèle, sur l'autel d'une idéologie féministe idéale qui n'existait que dans les livres.

Ces réflexions ne contribuèrent pas à améliorer son état d'esprit et provoquèrent même un début de migraine qui se transforma en crise aiguë dès qu'une infirmière entra dans sa chambre pour s'enquérir du degré de sa température et de la normalité de sa tension artérielle.

*
**

Au même instant, le révérend Simpson frappait avec quelque appréhension à la porte de Dorothée Brown. Son visage blafard et ses yeux rougis révélèrent immédiatement comment elle avait passé la nuit.

— Entrez, lui dit-elle dans un souffle. Ils m'ont prévenue hier soir.

— J'ai trouvé votre message sur mon répondeur et j'ai respecté votre désir de solitude jusqu'à ce matin… J'espère qu'il n'est pas trop tôt…

Soudain, la familiarité de l'endroit lui pesa et il n'osa pas aller s'installer à sa place habituelle. Il attendit, les bras ballants, qu'elle l'invite à s'asseoir, ne pouvant se résoudre à prononcer les mots de consolation qu'il connaissait par cœur et qui n'étaient jamais tout à fait adéquats à l'occasion d'autres deuils. Mais pour celui-ci, pire, ils lui semblaient déplacés, vides, privés du pouvoir de calmer.

— Elle est en paix, se força-t-il à murmurer.

— Vous croyez ? Il y avait presque du défi dans la voix de « la mémoire de l'île ». On ne peut jamais être sûr, n'est-ce pas ? Je n'étais pas sûre de l'avoir aperçue dans le jardin de Petite Plaisance la nuit où elle… la nuit du meurtre. J'aurais dû sans doute en parler, faire quelque chose…

Elle ramassa une bobine de fil blanc tombée par terre.

— Il n'y avait rien de plus à faire, Dorothée, lui dit-il avec douceur. Dieu sait que vous avez fait tout ce que vous avez pu, vous et votre famille, pour Ashley. Mais elle était… Ashley était… différente.

Il choisissait ses paroles avec soin, attentif à ne pas blesser davantage.

— C'est la faute des Charles, accusa brusquement Dorothée. S'il n'y avait pas eu Jane, Ashley n'aurait jamais… Jane lui a brisé le cœur il y a vingt ans. Ashley ne s'en est jamais remise. Elle n'avait que Willy comme lot de consolation.

— Vous étiez au courant des circonstances de sa naissance ? demanda-t-il avec autant de tact que possible.

— Je les soupçonnais. Rien n'a jamais été dit. Mais en grandissant, Willy était devenu le vivant portrait de Jane. C'est une des raisons pour lesquelles Ashley lui était si attachée. Jamais je n'ai vu dévotion pareille à la sienne, une dévotion qui l'a entraînée au pire, plusieurs fois.

La vieille femme se tamponna les yeux avec un mouchoir brodé et le pasteur eut honte de la boîte de Kleenex qu'il avait précipitamment fourrée dans sa poche juste avant de quitter le presbytère. Il aurait dû savoir que Dorothée appartenait à une génération préparée au chagrin, une génération qui faisait l'impasse sur certains mots mais qui avait pour leurs victimes une infinie compassion.

Ils étaient toujours debout. Il regarda du coin de l'œil le *quilt* inachevé gisant sur une chaise, la tasse de thé à demi bue abandonnée à côté de sa soucoupe, les magazines en désordre devant la cheminée et risqua :

— L'argent de « Cousins dans le besoin » a été restitué. Vous n'avez pas à vous soucier…

— Ça n'a guère d'importance, maintenant, ne croyez-vous pas ? Je veux dire… je suis contente pour vous et pour la congrégation, George, mais le mal est fait.

Il essaya, désespérément, de trouver un moyen d'atteindre les réserves de force spirituelle enfouies quelque part au tréfonds de l'âme meurtrie. La connaissant, il se décida en faveur du vocabulaire de l'action.

— Quelle sorte de service…

— Je n'en sais rien, l'interrompit-elle. Y a-t-il une liturgie spécifique pour les criminelles ? Une messe spéciale pour les suicidées ? Qu'a fait l'Église dans le cas de Jane Haworth Charles ?

— Dorothée, mon amie, lui reprocha-t-il avec douceur, le chagrin vous égare…

— Vous avez sans doute raison, admit-elle. Je crois que je préférerais être seule. Ne m'en veuillez pas. J'ai du travail à finir.

Il n'insista pas davantage mais lui fit promettre de consentir à le recevoir dans l'après-midi du lendemain. Il se retira après lui avoir assuré qu'elle serait constamment dans ses prières. Elle l'en remercia à peine. Elle était ailleurs, abîmée dans une douleur que rien ni personne ne pouvait pour le moment soulager. Quand il fut parti, elle s'assit près de la fenêtre, et resta les doigts croisés, inactive, silencieuse, jusqu'à ce que lui monte aux lèvres, en une rauque plainte, le nom d'Ashley.

Sur le sentier embaumé qui le ramenait chez lui, le révérend Simpson sentit son pas peser plus lourd que de coutume et prit une décision : il allait accepter d'être remplacé par le jeune intérimaire dont on le menaçait depuis plusieurs mois, annoncer son départ, le dimanche suivant, à sa congrégation et déménager au plus vite pour la Floride, où l'attendait un des appartements réservés aux pasteurs de sa dénomination qui avaient les moyens d'y prendre leur retraite. Peut-être, comme il l'avait conseillé à Adrien Lampereur, lui fallait-il à son tour faire face à son rocher de Bethar. Jamais il n'aurait pensé, cependant, qu'il puisse prendre la frêle forme de Dorothée Brown. Peut-être pourrait-il, plus tard dans la journée, mettre dans sa boîte aux lettres le poème de Marguerite Yourcenar qu'il avait lu et relu quand sa femme était morte. Comment s'appelait-il déjà ? Il ne se souvenait plus que d'une strophe :

Disparais dans l'ardente aurore
Entre la nuit et le matin :
Tu n'es plus ; tu n'es pas encore ;
Et le passage est ton destin.

Ça l'aiderait sûrement davantage que les « Traces de pas » dont ses collègues fondamentalistes étaient si friands dans des cas semblables…

Il passa sans lever le nez devant Petite Plaisance.

⁂

Jun Tanaki avait décidé de rentrer à Kyoto. L'aventure était finie. L'inventaire des objets de Petite Plaisance pourrait être complété par quelqu'un d'autre. Il allait quitter pour toujours la chambre du milieu – avec ses guides de voyages, ses cartes et ses portraits peints par Marie Laurencin –, qui n'avait jamais été pour lui autre chose qu'un lieu de passage. Il avait rendu sa présence aussi discrète que le permettait un séjour de quelques semaines dans une chambre d'amis, rangeant tous ses effets personnels dans un placard au fond du couloir, ne modifiant en rien la disposition des fleurs séchées qui voisinaient avec des boîtes à ouvrage et une statue en bois sur le dessus de la commode.

Autre que sa personne physique, la seule trace de son existence était fixée dans le cadre en bambou posé à côté de la lampe, sur le marbre de sa table de nuit – la raison pour laquelle il avait été si déterminé à ne pas laisser les policiers pénétrer dans son domaine lors de leur visite impromptue. Imprudence, certes, que l'exposition en plein jour de cette photographie, mais Bill avait la même, dans un cadre jumeau, dissimulé dans le double fond d'une crédence, dans sa chambre à Washington. Jun caressa du doigt le portrait du visage aimé et soupira… À cet instant précis, on frappa à la porte d'entrée. Ayant l'impression d'être pris *in flagrante delicto,* il reposa brutalement la photo du couple enlacé à plat sur la table de nuit, descendit précipitamment les marches de l'escalier et ouvrit.

Le commissaire Foucheroux lui dit avec bienveillance :

— Bonjour, monsieur Tanaki, je me demandais si nous pourrions avoir une conversation privée…

Jun hésita brièvement, se ressaisit et répondit sur un ton professionnel :

— Si vous voulez me suivre… Nous pouvons nous installer dans la véranda. C'est là que Madame Yourcenar prenait le petit déjeuner à la belle saison, avec ses visiteurs.

Ils traversèrent la salle à manger et s'assirent dans des fauteuils en osier qui donnaient au bel espace vitré l'apparence estivale d'un jardin dans le jardin. Au mur, un baromètre était au beau fixe.

— Vous êtes sans doute au courant des derniers développements… commença Jean-Pierre Foucheroux.

Jun Tanaki ne prétendit pas le contraire. Toute l'île des Monts-Déserts savait depuis la veille qui avait tué Adrien Lampereur et comment la coupable s'était punie. Ses motifs, cependant, restaient encore la source de mille supputations, tout comme, d'ailleurs, les causes véritables de l'explosion du bateau de Fred Wilkinson, qui lui avait coûté la vie ainsi qu'à son équipage. On murmurait qu'il s'agissait d'un règlement de comptes entre pêcheurs de homards américains et « étrangers », bien que la presse ait présenté la chose comme « un tragique accident » dans les journaux du matin.

— J'ai trouvé sur l'île aux Canards un certain nombre de documents et des lettres qui vous concernent directement, poursuivit le commissaire. Mais si vous désirez me donner d'abord votre version des faits, je suis prêt à vous écouter, avant de décider quelle suite donner…

— Vous avez trouvé mes lettres à Madame ?

Jun Tanaki s'était levé d'un bond, incapable de dissimuler son agitation.

— Vous savez donc…

— Partiellement, répondit en toute honnêteté Jean-Pierre Foucheroux. C'est une des raisons pour lesquelles vous êtes ici, n'est-ce pas ? Pour récupérer vos lettres. Vous pensiez les trouver dans la maison…

— Elles m'appartiennent, affirma avec violence le guide démasqué. Elles ne regardent personne. C'est une correspondance privée…

— Qui est fort compromettante pour un homme politique très en vue, et dont Adrien Lampereur avait connaissance. Vous comprendrez mon intérêt pour vos explications…

Jun Tanaki appuya la tête contre une vitre et regarda, au-delà des arbres du jardin, baignés de lumière, en direction de la villa d'Eleonore Hunt.

— Et ses réponses à elle ? demanda-t-il, accablé.

— Elles ont toutes été détruites, rassurez-vous.

— Qu'est-ce que vous allez faire de mes imprudentes confidences ?

Jean-Pierre Foucheroux détestait le spectacle de la souffrance et répondit avec franchise et compassion :

— Ça dépend. Si les fragments dont je dispose ne sont pas essentiels pour clore l'enquête, je suppose que je pourrai vous les rendre dans des délais raisonnables. Vous connaissiez les termes de la dernière clause du testament de Marguerite Yourcenar ?

Le changement brutal de sujet désarçonna Jun Tanaki.

— Non, enfin, pas plus que tout ce que tout le monde...

— Vous ne saviez donc pas qu'elle avait acquis l'île aux Canards, quelques jours avant sa mort, pour en faire une réserve ornithologique ? Elle n'avait jamais mentionné ce fait dans ses lettres ? Adrien Lampereur ne vous en a pas parlé ?

Sous le feu de ces questions, une complète surprise transforma les traits habituellement imperturbables de son interlocuteur.

— Je n'en avais pas la moindre idée, finit-il par dire. Je pensais qu'elle appartenait à Ashley Brown... Mais maintenant que j'y réfléchis, M. Lampereur m'a littéralement interrogé, au restaurant, sur les engagements de Madame dans diverses sortes d'associations pour la protection de la nature et des animaux... Quel est le rapport avec mes lettres ?

— C'est ce que j'essaie de déterminer, monsieur Tanaki. Le rapport entre le meurtre d'Adrien Lampereur et vos lettres, le rapport entre vous et Ashley Brown, et accessoirement le rapport entre vous et Eleonore Hunt.

— Il n'y en a pas, affirma avec véhémence Jun Tanaki. La nuit du meurtre j'étais... j'étais...

— Avec Bill Hunt, lui souffla le commissaire Foucheroux.

Jun Tanaki baissa la tête et se jeta, vaincu, dans un fauteuil.

— Nous... nous nous connaissons depuis longtemps, murmura-t-il. Depuis ma première visite ici. J'avais dix-sept ans... Nous avions pratiquement décidé de rompre... Les choses n'étaient plus comme avant depuis la disparition des lettres après la mort de Madame. Je lui avais promis de les récupérer coûte que coûte. Il avait peur...

— J'imagine, coupa Jean-Pierre Foucheroux.

Et en effet il imaginait sans peine la panique de William Hunt à l'idée qu'un chercheur sans – ou avec – scrupules ayant découvert la correspondance Tanaki-Yourcenar décide d'écrire la biographie non autorisée du président du mouvement de « Retour aux Vraies Valeurs », père d'un enfant illégitime, amant d'un Japonais mineur, ex-mari d'une romancière qui l'avait protégé ! en travestissant leur histoire, en racontant le banal divorce d'une « ménopausante abandonnée pour *une* jeune beauté de dix-huit printemps », si l'on voulait bien croire la page de faux titre de *Narcissa,* qu'il venait de lire.

— Vous nous avez donc menti quand vous avez déclaré avoir passé la nuit avec Eleonore Hunt, reprit-il.

— Je dois l'admettre, commissaire. Je sais que mes... relations avec elle doivent être difficiles à comprendre pour une personne de l'extérieur, mais nous... c'est-à-dire elle et moi... c'est une femme hors du commun... et nous... nous aimons Bill. Nous ferions n'importe quoi...

Il s'arrêta brusquement, conscient du poids de ses paroles.

— Justement... dit Jean-Pierre Foucheroux. Vous comprendrez aisément que nous nous soyons demandé si ce n'importe quoi pouvait éventuellement inclure une complicité dans un homicide volontaire...

— Je comprends la logique de votre raisonnement, commissaire, mais je peux vous jurer que ni Eleonore ni moi n'avons quoi que ce soit à faire avec le meurtre d'Adrien Lampereur. Ni Bill d'ailleurs.

— Permettez-moi de ne pas être tout à fait d'accord. Il était le père de Willy. S'il avait fait face à ses responsabilités quand Jane Haworth Charles lui a annoncé la nouvelle, Ashley Brown n'aurait pas… Mais c'est de l'histoire ancienne, se hâta-t-il d'ajouter pour couper court à la défense en règle que Jun Tanaki préparait visiblement en l'écoutant.

— Vous ne connaissez pas Bill… commença-t-il.

— En effet, et je dois vous avouer que je ne le souhaite guère. Mais ce n'est pas la question. Ce qui reste de votre correspondance vous sera rendu dès que possible, acheva-t-il en se levant. Veuillez dire à Eleonore Hunt…

Une telle expression d'alarme se lut sur le visage de Jun Tanaki qu'il s'arrêta au milieu de sa phrase.

— Elle est si fragile, commissaire. Elle est… malade. La moindre émotion… Elle ne sait pas, pour Willy. Bill ne le lui a jamais dit. Ça lui aurait fait de la peine. Elle-même voulait tellement un enfant. J'espère que les journalistes n'ont pas eu vent…

Jean-Pierre Foucheroux se retint juste à temps de proférer un commentaire assez désobligeant sur les triangles infernaux, la mauvaise foi et les amours contingentes, mais conscient de courir le risque de se tromper d'auteur, il respira profondément et acheva :

— Veuillez dire à Eleonore Hunt que nous n'aurons plus besoin de la déranger. Transmettez-lui tous mes vœux de… prompt rétablissement.

Sans attendre que Jun Tanaki fasse un geste pour le raccompagner, Jean-Pierre Foucheroux ressortit de Petite Plaisance insatisfait, emportant avec lui d'ambivalentes images des lieux où continuaient de se livrer les mille formes du vain combat.

30

Une semaine plus tard, un violent orage s'abattit sur Paris. Leila Djemani mit fin à une longue conversation téléphonique avec le capitaine Blazy concernant l'inquiétante recrudescence des affaires de corruption au niveau international pour aller fermer la fenêtre de son bureau. La Seine était fouettée de mille gouttes d'eau qui lui donnaient l'air d'un ruban de chocolat en ébullition.

Le téléphone sonna à nouveau.

— Inspecteur Djemani ?

Elle reconnut instantanément la voix posée de Marc Lemercier.

— Je viens de recevoir une lettre de Northeast Harbor ce matin au courrier. Je me demandais si vous vouliez que je vous attende pour l'ouvrir. C'était notre accord, n'est-ce pas ?

Elle lui sut gré d'avoir tenu parole. Si peu de personnes font ce qu'elles disent.

— J'arrive tout de suite, merci, lui répondit-elle.

Elle prit le temps de sortir un élégant parapluie noir, qui appartenait à Jean-Pierre Foucheroux et auquel il tenait particulièrement, du tiroir dans lequel elle savait qu'il le gardait en permanence. Le dernier cadeau de Clotilde. « Désolée. Pas le choix », murmura-t-elle comme pour se disculper.

En route vers la rue des Hespérides, Leila Djemani repensa aux fragments d'information qui lui avaient été communiqués jusqu'ici par son supérieur, des fragments récupérés à grand-peine sur une disquette malmenée par des vagues qui n'avaient pas encore rendu l'ordinateur qu'Ashley Brown leur avait jeté en pâture deux semaines auparavant. Elle se remémora la dernière conversation téléphonique qu'elle avait eue avec lui : « Nos conclusions sont les suivantes, Leila : Ashley Brown a étranglé Adrien Lampereur pour l'empêcher de publier ce qu'il avait découvert à son sujet : qu'elle était complice du trafic de drogue dont l'île aux Canards était la plaque tournante – une île dont Marguerite Yourcenar était la véritable propriétaire, mais dont Ashley avait subtilisé l'acte de vente dans son désir d'assurer à Willy un refuge contre une vie en maison spécialisée. Pour ce faire, elle a accepté de l'argent des sources les plus diverses sans trop poser de questions : Spaldini et Merinovsky, la bande de Fred Wilkinson. Mais ils sont allés trop loin en voulant réduire Jane O'Flynn au silence parce qu'ils s'étaient rendu compte qu'elle avait surpris leurs manigances. Je ne sais pas ce qu'Ashley aurait fait d'elle après avoir fait exploser le bateau des trafiquants, dans une ultime tentative pour sauver la situation, si nous n'avions pas fait échouer tous ses plans en ouvrant la porte à Willy. Quand elle a compris qu'il nous avait parlé et qu'elle risquait la prison et lui l'hôpital psychiatrique, elle a préféré une autre voie... » « Alors, « Sauvez notre île » était une façade pour elle, et Adrien Lampereur est mort pour rien », avait constaté Leila. « Pas si simple, je crois. Elle a dû l'implorer vainement de ne rien écrire au cours du dernier entretien nocturne qu'ils ont eu dans le jardin de Petite Plaisance... Elle a cru avoir détruit toutes les preuves en jetant ses instruments de travail à la mer... Elle ne pouvait pas savoir qu'il avait envoyé ses documents à Marc Lemercier... Elle voulait avant tout continuer à « sauver le fils de Jane », au prix de n'importe quels sacrifices, réputations et vies incluses. »

Leila Djemani se demanda si elle avait enfin en main tous les éléments du puzzle, quand l'héritier d'Adrien Lampereur lui tendit une épaisse enveloppe jaune, dès qu'elle fut assise dans le fauteuil qui faisait face à son bureau. Comme dans un film de série B où la musique souligne avec lourdeur l'atmosphère de suspense, la pluie tambourina sur les vitres de la fenêtre close avec une violence renouvelée au moment où elle s'en saisit. Leila Djemani remarqua l'écriture tremblée du nom et de l'adresse du destinataire, la surcharge de timbres, les trois coups de tampon, la mention « Par avion » rajoutée en rouge.

— Ouvrons, dit-elle.

Et ils lurent ensemble : « Mon cher Marc... »

Une heure plus tard, rentrée à son bureau, l'inspecteur Djemani télécopia à Northeast Harbor la liste de son premier inventaire :

— une lettre autographe d'Adrien Lampereur à Marc Lemercier

— cinq pages de notes manuscrites intitulées « Méditations dans un jardin : conversation avec Eleonore Hunt. Fiction et vérité »

— l'acte de vente de l'île aux Canards à Marguerite Yourcenar et sa donation à une fondation pour la défense des espèces ornithologiques en voie de disparition, le tout rédigé par d'autres avocats que ses habituels

— un télégramme de Junichi Tanaki à William Hunt

— une carte maritime indiquant des points d'intersection à des dates précises

— la fiche d'état civil de William Haworth Hunt, né de William Jonathan Hunt et de Jane Haworth Charles, dix-sept ans plus tôt

— la copie d'une plainte déposée au tribunal contre Théodore Merinovsky pour détournements de fonds

— une coupure de journal reproduisant un discours ampoulé de William Hunt, intitulé « Famille et Patrie : pour un retour aux Vraies Valeurs »

— une ordonnance médicale et un diagnostic d'« agueusie permanente » concernant Roberto Spaldini.

— Comment ? Vous voulez dire que le grand critique gastronomique avait perdu le goût et l'odorat ? Le gredin ! tonna malgré lui le capitaine Bradford, quand il entendit son neveu discuter de la chose avec Jean-Pierre Foucheroux sur la terrasse de sa maison, devant un coucher de soleil de carte postale. C'est pour ça que sa rubrique a été confiée du jour au lendemain à ce John Garganigo, qui fait, lui, d'excellents comptes rendus de ses repas dans les restaurants de la région. Tout s'explique !

— Roberto Spaldini est parti sans laisser d'adresse, comme Ted Merinovsky, et je suppose qu'on ne les reverra jamais. À moins d'alerter Interpol et de demander une CRI. Mais en valent-ils la peine ? demanda doucement Jean-Pierre Foucheroux.

— À voir, grommela Andy, qui s'interrogeait toujours sur ce que les deux compères savaient vraiment de la poudre blanche cachée dans les homards et avait l'intime conviction qu'ils avaient trempé dans de multiples escroqueries. N'avaient-ils pas failli entraîner dans une affaire véreuse ce malheureux viticulteur bergeracois venu en toute innocence dans le Maine pour y vendre directement ses produits aux restaurateurs du cru, en lui faisant miroiter une participation au développement illusoire de chais dans l'île aux Canards ?

Gérard Blérac en avait été quitte pour la peur et le renforcement d'un anti-américanisme primaire, qui se manifestait dans sa famille par des critiques ironiques sur le manque d'art de vivre aux États-Unis par des personnes qui n'y avaient jamais posé le pied. Mais les prochaines victimes du malhonnête promoteur s'en sortiraient-elles aussi bien ?

Un petit coup de sonnette annonça l'arrivée des

dames de la Villa Alexis, invitées à prendre un verre en voisines, chez Ralph Bradford. La semaine écoulée avait fait merveille. Jane avait retrouvé sa bonne mine et toute sa combativité. Cependant, Gisèle avait réussi à la persuader d'inviter Richard et décidé de s'éclipser, discrètement, sous le prétexte d'urgentes recherches à faire, pour son anthologie, à Boston. Le capitaine Bradford, à qui elle en avait parlé, lui avait suggéré de proposer à Jean-Pierre Foucheroux de le reconduire à Cambridge puisqu'il lui fallait prendre l'avion en fin de semaine et que « Margret et les enfants devaient venir passer le week-end ». Le visage du vieil homme s'était illuminé lorsqu'il avait prononcé ces dernières paroles. « Les choses sont en train de rentrer dans l'ordre », avait-il ajouté d'un air satisfait, en tapotant en cadence la tête de Valentine, ravie...

— Je vous préviens que je ne conduis pas très bien, avait régressé Gisèle après avoir bu une gorgée de *gin-tonic,* à l'adresse du commissaire, alors qu'ils admiraient ensemble un crépuscule éclaboussé d'or.

— Gisèle ! avait protesté Jane qui se trouvait à côté d'eux, au contraire ! Tu conduis très bien. Simplement, tu ne te gares pas, tu... tu t'arrêtes.

Tout le monde avait ri. Gisèle avait gardé de la soirée l'écho de commentaires amusés sur la manie française de perdre des heures à discuter de la meilleure route à suivre pour aller d'un point à un autre, l'image de la buée perlant sur son verre, et le souvenir d'une remarque d'Andrew Bradford : « Vous comprenez maintenant pourquoi on l'appelle l'île aux Canards. C'est à cause des grottes... En coupe transversale, elles dessinent la silhouette d'un canard au long cou et aux ailes éployées. » Et surtout, surtout, l'impression d'être au bord d'un précipice, chaque fois que Jean-Pierre Foucheroux la regardait.

Le lendemain, le trajet entre les Monts-Déserts et Boston en sa compagnie lui parut absurdement court, tenant à la fois du supplice et des délices. D'un tacite accord, ils n'avaient pas reparlé des événements qui avaient endeuillé l'île. Transformée en salon de conversation sur les *azulejos* portugais, les gospels, les romans de Marguerite Yourcenar, la voiture qui s'en éloignait leur avait semblé un refuge provisoire contre l'inhumanité de l'homme contre l'homme. Ils arrivèrent dans la banlieue bostonienne vers sept heures.

— On pourrait peut-être aller dîner, suggéra Jean-Pierre Foucheroux. N'y a-t-il pas un de ces *Legal Seafood* dans les environs ?

Il y en avait un, en effet, à côté du Massachusetts Institute of Technology, et, miraculeusement, une table pour deux se libéra au moment où ils entrèrent, dans la section non-fumeurs. Aventureuse, Gisèle commanda une tranche de mahi-mahi au gingembre. Jean-Pierre Foucheroux se délecta d'une casserole du pêcheur. Ils arrosèrent le tout d'une excellente bouteille de vin blanc de Californie. Il termina avec une gigantesque glace à la vanille recouverte de chocolat fondant. Elle se contenta de framboises au sucre.

Il leur parut naturel d'aller déposer Katicha chez Gisèle avant qu'elle reconduise le commissaire rue Dana, que Margret avait quittée quelques heures plus tôt. Ils montèrent ensemble au troisième étage de l'immeuble de la Biscuiterie Kennedy, récemment transformé en luxueux appartements. Gisèle en sous-louait un à Isabelle, une amie de Jane, partie en France pour une année sabbatique. Après avoir ouvert la porte et libéré Katicha de sa geôle d'osier, elle se tourna vers Jean-Pierre Foucheroux, lui prit résolument la main et murmura : « Ne partez pas. »

⁂

Vingt-quatre heures plus tard, dans l'Airbus qui le ramenait de Boston à Paris, le commissaire Foucheroux essaya vainement de trouver le repos. Chaque fois qu'il fermait les yeux, l'étrange sentiment d'avoir trahi Clotilde se superposait au souvenir sensuel du corps de Gisèle endormie, détendue à ses côtés, le visage à moitié enfoui dans la mousse de ses cheveux défaits. Non point qu'elle eût exigé de lui le moindre engagement… Au réveil, elle lui avait souri et demandé simplement : « Vous prenez du thé ou du café ? » Pas « le matin », pas « d'habitude ». Juste ce matin, aujourd'hui, comme si elle craignait de créer un lien entre la veille et le lendemain, comme si elle sentait instinctivement la nécessité de ne pas l'effrayer avec un mot de trop. Et à l'aérogare, une fois ses bagages enregistrés, elle lui avait posé un rapide baiser sur la joue en lui chuchotant à l'oreille : « Nous avons fait une folie. Une merveilleuse folie. Sans lendemain, rassurez-vous », avant de disparaître, engloutie par la foule des voyageurs qui arrivaient dans l'autre sens, sans lui donner le temps de réagir, de répondre, de la retenir… Il ne ferma pas l'œil de tout le voyage et arriva à Roissy avec une heure de retard à cause d'une grève surprise du personnel au sol. Son genou le faisait affreusement souffrir.

Quand il sortit enfin, par la porte 32, il vit immédiatement le sourire rayonnant de Leila Djemani, qui l'attendait en brandissant triomphalement la dernière édition de *L'Univers,* où s'affichait, sur trois colonnes à la une : « L'Affaire Yourcenar » par Marc Lemercier.

— Et j'ai trouvé la référence que vous cherchiez au rocher de Béthar, lui dit-elle en prenant une de ses valises, sans qu'il songe à lui résister. Ce n'est pas dans la Bible. C'est dans *Mémoires d'Hadrien,* presque à la fin du chapitre *Disciplina Augusta,* après l'épisode de la nuit palestinienne…

Il baissa les yeux, craignant que ne s'y lisent les traces inavouables de sa nuit bostonienne.

Dans la même collection

-- / --

Claude Amoz	Le caveau	5741/G
Laurent Botti	Pleine brume	5579/L
Serge Brussolo	Le livre du grand secret	5704/E
Philippe Carrese	Graine de courge	5494/G
Thomas H. Cook	Les instruments de la nuit	5553/I
Philippe Cousin	Le pape est dans une pièce noire, et il hurle	5764/H
Stella Duffy	Les effeuilleuses	5797/H
James Elliott	Une femme en danger	4904/L
Linda Fairstein	L'épreuve finale	5785/K
Nicci French	Jeux de dupes	5578/L
Andrea H. Japp	La voyageuse	5705/E
Éric Legastelois	Putain de cargo !	5675/E
David L. Lindsey	Mercy	3123/M
Estelle Monbrun	Meurtre chez tante Léonie	5484/H
	Meurtre à Petite Plaisance	5812/H
T. Jefferson Parker	L'été de la peur	3712/K
	Pacific Tempo	3261/K
Whitley Strieber	Billy	3820/K
Dominique Sylvain	Travestis	5692/J
Maud Tabachnik	Un été pourri	5483/H
	La mort quelque part	5691/G
Carlene Thompson	Tu es si jolie ce soir	5552/J
	Noir comme le souvenir	3404/J
Fred Vargas	Debout les morts	5482/H
	Un peu plus loin sur la droite	5690/I
	Ceux qui vont mourir te saluent	5811/H

* / *

5812

Composition Chesteroc International Graphics
Achevé d'imprimer en Europe (Allemagne)
par Elsnerdruck à Berlin
le 8 février 2001.
Dépôt légal février 2001. ISBN 2-290-30993-1

Éditions J'ai lu
84, rue de Grenelle, 75007 Paris
Diffusion France et étranger : Flammarion